나연만
주부, 소설가, 장례지도사
청주에서 태어나 공장에서 일을 하면서 처음으로 돈을
벌게 됐다. 그래선지 몸으로 하는 일을 즐겁게 받아들인다.
어떤 일이든 우습게 보지 않는다. 누군가 내게 장례업무를
맡겨 주길 바라며 집안일을 하고 소설을 쓴다.
2020년 경상일보 신춘문예 단편소설 「까치」로 데뷔했다.
『스마트 소설 1집』에 「세탁」, 『2021 신예작가』에
「앞니」 이후, 작품집과 문예지 등에 소설을 발표하고
있다. 2022년 『여섯 번째 2월 29일』, 『충청도
뱀파이어는 생각보다 빠르게 달린다』를 출간했다.
2023년 교보문고스토리대상에서 장편소설 『돼지의 피』로
최우수상을 수상했다.

충청의 말들

© 나연만 2024
이 책은 저작권법에 의해 보호받는 저작물이므로
무단전재와 복제를 금합니다. 이 책 내용의 전부 또는 일부를 이용하려면
저작권자와 도서출판 유유의 서면동의를 얻어야 합니다.

충청의 말들

(그렇게 바쁘믄
어제 오지 그랬슈)

나연만 지음

들어가는 말
되것지, 뭐

"출격!"
"이런 걸 탈 수 있을 리 없어요!"
"탈 거면 빨리 타라. 그렇지 않으면 돌아가!"
　　—애니메이션 『신세기 에반게리온』● 에서

저는 영화 대사를 충청어로 번역(?)해 보는 습관이 있는데 애니메이션 속 대사도 예외가 없습니다.

"어여 가 봐."
"되것슈?"
"내비둬 그럼, 총알받이루나 쓰게."

● 불후의 애니메이션 『신세기 에반게리온』. 인류를 말살하기 위해 '사도'들이 지구를 침공한다. '사도'를 막을 수 있는 것은 인간형 생체병기 '에반게리온'뿐. 사도와 에반게리온의 전투 안팎에서 고뇌하는 인간의 내면을 미쳤다는 말로밖에 표현할 수 없을 정도로 희한하게 그려 냈다.

『충청의 말들』을 써 보자는 청탁 메일을 받은 날의 기억을 잊을 수 없습니다. 유약한 심신으로 지질하게 중딩 시절을 보내던 중 갑자기 지구를 지키라는 임무를 짊어진 에반게리온의 파일럿 '신지'가 이런 심정이었을까요.

"언어학자는커녕 국문학도도 아닌 공대 출신 군필 주부인 저 따위가 이런 걸 쓸 수 있을 리 없어요!"

충청인을 대표해야 한다는 중압감에 억눌려 한참 고민하다가 결국 (이제는 은인이 되신) 은우 편집자님의 요청을 받아들였습니다. "되것지, 뭐"를 중얼대면서 말이지요. 신지가 궁극의 병기 에반게리온을 다룰 줄 아는 것처럼, 저는 세계 최고의 언어 '충청어'를 쓸 수 있기 때문이었습니다.

어마어마한 부담을 안고 시작한 작업은 시간이 흐를수록 손에 익나 싶더니 두어 달이 지나자 즐겁게 받아들일 수 있었습니다. 결국, 울면서 쓰기 시작한 『충청의 말들』은 태어나서 가장 즐겁게 쓴 글이 되었지요. 충청도의 말을 많이 사용하면서 용기를 얻었을까요, 이 글을 쓰는 동안 개인적으로 많은 것을 성취했습니다.

청탁 메일을 받았을 무렵엔 바다사자처럼 바닥에 배를 붙이며 유튜브나 보는 100킬로그램짜리 중년이었지만, 「들어가는 말」을 쓰고 있는 지금은 소설 공모전에서 수상하고 마라톤 풀코스를 완주한 97킬로그램짜리 중년이 되어 있네요.

『충청의 말들』을 쓰면서 저는 깨달았습니다.

말은 위대하다.
충청의 말은 매우 위대하다.

충청의 말은 사람에게 의욕과 힘을 준다.

느긋하면서 긍정적인, 그러나 약간은 슬픈, 그 충청의 기운을 독자분들이 조금이나마 느끼시기를 바랍니다.

2024년 가을
나연만

들어가는 말	9
문장 001	14
↓	↓
문장 100	212

필호: 그런 거만 보믄 정말 우리나라도 확실히 선진국 대열에 낀겨?
(……)
태수: 야, 그나저나 좆까는 소리 그만허구……. 왕재는 으뜧게 된겨?

영화 『짝패』(2006)에서

영화평론가 김봉석은 2006년 『씨네21』에 올린 「류승완의 『짝패』」라는 글에서 '액션'이라는 단어를 무려 47번 사용했다. 그는 『짝패』가 순수한 액션영화 그 자체이므로 이야기가 허술하다는 점도 큰 흠이 되지 않는다고 말한다. 그러나 세월이 흐른 지금, 『짝패』를 다시 보면 이 영화의 최대 장점이라는 액션 장면이 낡아 보인다. 그렇다면 『짝패』는 어설픈 액션을 빼면 아무것도 남지 않는 영화인가? 전혀 그렇지 않다.

충청도를 배경으로 한 영화 딱 하나만 꼽으라면 단연 『짝패』다. 극 중 배경은 온성이라는 가상의 지방 도시지만, 청주라고 봐도 무방하다. 주인공들과 고등학생들의 패싸움이 벌어진 곳은 본정통이라 불리던 청주의 성안길이다. 이 밖에도 촬영 대부분이 충북에서 이뤄졌다. 등장인물들의 충청도 사투리는 어색함이라고는 찾아볼 수가 없다. 실제로 주연배우 셋이 모두 충청도 출신이기 때문.

영화 초입부터 선진국 타령을 하며 본질과 상관없는 이야기를 장황하게 늘어놓는 것부터 충청인의 그것이라 폭소가 나온다. 필호(이범수 분)의 사투리는 그야말로 압권이다. 이범수 배우는 충청도 사투리 중에서도 청주 사투리를 소름 돋을 정도로 완벽히 연기한다. 청주 방언의 가장 큰 특징은 종결어미로 '~거여', '~거유'보다는 '~겨', '~규'를 많이 사용하는 것이다.

예) 워째 그르케 흐름을 잘못 타는겨, 내가 혼자 먹을 놈유?
(영화 『짝패』에서)

음…… 그냥 영화를 보자. 모두가 비음이 섞인 이범수 배우의 연기를 봐야 한다.

요즘 잘 나간다매?
잡지 나부랭이에 글 좀 쓰는 게,
뭐 잘나가는 거래유?
그게 아니고, 요새 툭 하면 집 나간다매?

이정록, 「잘 나간다는 말」, 『정말』

(창비, 2010)

아는 작가(그들은 날 모른다)들은 모두 잘 나간다. 작품이 잘 팔리고 안 팔리고를 떠나 정말 잘 나간다. 산책하러. 김연수 작가는 『산책하는 이들의 다섯 가지 즐거움』으로 이상문학상을 받았고, 도대체 작가는 『그럴수록 산책』이라는 책에 산책과 관련된 이야기를 담았다. 왜 많은 작가가 특히 산책을 좋아할까.

산책을 좋아하는 작가 대부분은 산책하면서 부족한 운동량을 채우는 동시에 글감을 찾거나, 산책하면서 보이는 것들을 관찰하면서 영감을 얻는다. 그리고 작업실로 돌아와 쓰던 시와 소설을 채워 나간다. 아니면 산책을 소재로 글을 쓰든지. (작가들이 생각 하나 허투루 버리질 않고 작품에 써먹는 걸 보면 징그럽게 느껴지기도 한다.)

나는 소설을 쓰면서 산책을 해 본 적이 거의 없다. 그런데, 몇 년 전 집에 강아지를 들이면서 어쩔 수 없이 산책을 하게 되었다. 산책 중에 한눈을 팔다가는 탈옥 중인 죄수의 발목에 달린 철구처럼 아스팔트에 뒹굴게 된다. 개를 놔두고 혼자 산책을 갈라치면 엄청나게 짖어 댄다. 그럼에도 개의 노여움을 사면서 혼자 산책을 해 본다.

개들이 많다. 쟤들은 저렇게 얌전히 걷는구나. 우리 집 개는 언제 사람이 될까. 지금도 울고 있을까? 고양이들이 위로해 주겠지. 근데 창문은 닫고 나왔나. 누가 탈출이라도 하면……. 걱정이 꼬리에 꼬리를 문다. 결국 제대로 된 사색은 하질 못한다. 내게는 걱정을 하는 강박이 있(다고 병원에서 말해 줬)다. 내가 짊어진 것은 걱정인형이 아니다. '걱정바위' 정도 된다.

힘세고 활기찬 성격의 개와 함께하는 산책의 최대 장점은 '도무지 생각할 필요가 없다'이다. 걱정할 필요도 없다. 다른 작가들의 목적과는 많이 다른 셈이지만 나도 밖으로 나간다.

"인나. 해가 중천이여."

송경혁, 『충청도 뱀파이어는 생각보다

빠르게 달린다』(고블, 2022)

눈이 부시다. 순철이는 일어났으려나. 슬리퍼를 꿰어 신고 집 밖으로 나온다. 오 분쯤 걸었을까, 어느덧 순철이네 집 대문 앞이다. 문을 열고 한달음에 순철이 방으로 들어간다. (우연인가, 왜 우리가 쓰는 방은 마루를 거치지 않고 드나들 수 있는 사랑채에 있었을까.) 이불에 둘둘 말려 미라처럼 생긴 물체가 방바닥에 굴러다닌다. 베개 옆에는 담배와 라이터, 꽁초로 반쯤 찬 맥주병이 가지런히 놓여 있다. 나는 이불 밖으로 삐져나온 발을 툭 차고는 바닥에 놓여 있는 담배를 빼 입에 물고 불을 댕기며 말했다.

"인나. 해가 중천이여."

"뭐여, 몇 신디 벌써 왔어어."

이윽고 찡그린 눈을 한 면상이 이불 밖으로 드러난다. 몸과 따로 노는 듯한 팔은 바닥을 더듬더니 담뱃갑 속 담배를 하나 빼서 면상에 달린 입에 물려 준다.

"얼마나 했겨?"

"세 신가······."

스타크래프트 얘기다.

그나저나 벌써 여기서 내가 저지른 범죄가 몇 갠가. 무단 주거침입, 폭행, 담배 절도까지 벌써 세 건이나 된다. 실내 흡연까지 치면 네 건. 야만의 시대가 따로 없다.

어디선가 시가를 즐길 때 지켜야 할 에티켓에 관해 읽은 적이 있다. 개중에는 시가를 피우는 것이 인정되는 곳에서만 피운다, 걸으면서 피우지 않는다, 피우고 나서 꼭 샤워를 한다, 흡연자들만 있는 데서 실내 흡연을 한다 등이 있었다.

한 사람이라도 양해하지 않으면 할 수 없는 취미.

아마 지금도 어딘가에는 그런 친구들이 남아 있는지 모르겠다. 가끔은 그립다. 우리끼리만 양해된 행위들.

"난 아부지가 싫어. 그까짓 게 씨팔
무슨 아부지여. 엄마만 만날 때리는 게
무슨 아부지여."

강준희, 『이카로스의 날개는 녹지 않았다』

(새미, 1996)

충북에서 나고 자랐다는 강준희 작가의 자전적 소설에 나오는 장면이다. 우리나라 민법 제840조 제3호에는 "배우자 또는 그 직계존속으로부터 심히 부당한 대우를 받았을 때" 이혼을 청구할 수 있다고 되어 있다. 그렇다면 옆의 말을 들은 화자의 어머니가 한 말을 고르시오. (3점)

① 내 맘은 너밖에 모르는구먼. 느그 아부지 땜에 죽겄다.
② 그러잖아도 낼 법원에 갈라 한다.
③ 이 천하의 고얀놈! 뭣이 어쩌고 어째? 아부지가 싫다고? 당장 회초리 가져와 맞어.

정답은? 놀랍게도 3번이다. 주인공의 어머니는 남편한테 맞아서 일주일을 꼼짝없이 앓다가 일어났으면서도 아버지를 욕한 아들에게 회초리를 갖고 오라고 한다. 반세기 정도 먼저 태어난 분이 겪었던 야만적인 광경을 나도 보고 자랐다. 비겁하고 염치없게도 부끄러운 줄은 알고 있기에 말은 안 하고 살았다.

가정 폭력의 뿌리는 넓고도 깊다. 심지어 조선시대에는 아내가 남편을 때리면 아무런 상처가 없어도 장 100대의 처벌을 내렸다고 한다. 그 반대는? 아무런 처벌이 없다. 여성들은 그렇게 장대한 세월을 남편에게 가스라이팅을 당하며 살아 왔다. 그러면서도 저항을 하면 안 됐다. 그런 것들이 당연하지 않다고 법으로 정해진 게 불과 얼마 되지 않는다.

빠르게 변하는 세상에 적응해야 살아남는다고들 한다. 학생 시절 이후 인권에 대한 교육을 따로 받는 사람이 있던가. 그런 인식은 가장 늦게 바뀌거나 퇴보하는 듯 느껴지기도 한다.

어딘가에서는 아직도 일어나고 있는 일이다. 가장 먼저 이런 구태부터 바뀌었으면 한다.

"그런 게 절대 아녀유."

김종광, 『첫경험』

(열림원, 2008)

'내가 싫어서 일을 관두려고 하느냐'고 묻는 직장 동료 흑선풍의 질문에 대한 주인공 곰탱의 답변이다. 흑선풍은 같은 질문을 연거푸 두 번을 더 하고 나서야 곰탱으로부터 "글쎄, 지도 제 마음을 잘 모르겠는데유"로 시작하는 장황한 대답을 이끌어 낸다. 곰탱의 속마음은 사실 '매우 싫다'이다. 이런 장면은 뒤에도 등장한다. 누군가 일을 제안하자, 곰탱은 "거 만 원도 안 주는 거 미쳤다고 하냐"고 대답한다. 속마음은 정반대였다. 기뻐 미칠 지경이었지만 '일단 퉁기고' 볼 일이라는 것이다.

'음, 그렇지' 하며 나도 모르게 고개를 끄덕였다. 그런데 다른 사람이 펄쩍 뛴다. "아니, 기면 기고 아니면 아니라고 대답을 하는 게 당연하지 않아?" 왜 주인공의 행동에 공감하느냔 말이다. 호옥시, 내가 충청도인이라서?

어렸을 적 교회에서 전도사님이 했던 질문을 기억한다.

"학생, 베드로가 왜 예수님을 세 번 부인했을까요?"

"의사 표현 확실히 할라구 한 거 아녀유. 세 번은 말혀야지, 세 번은 물어 줘야 되는 것이고."

대답을 들은 전도사님의 얼굴이 굳어졌다. 타지에서 오신 전도사님은 잘 몰랐다. 아닌 게 아니라, 충청도인에게는 적어도 세 번은 물어봐야 의중을 짐작할 수 있다는 건 학계 정설이다.

청주에서 태어났다는 두 영화배우가 이런 대화를 나눈 방송을 본 적도 있다.

"'먹을래?' 하고 물었을 때 '아니야'라는 대답을 들었어도 한 번 더 물어봐야 돼. 적어도 세 번은 물어봐야 돼."

"형식적인 거절에 더 이상 물어보지 않는다면 '얘는 진심으로 물어본 게 아니구나······.'(라고 여긴다.)"

나는 안도의 한숨을 내쉬었다. 인식이 나와 다르지 않았다.

충청도인에게 의중을 물으려면 세 번은 물어봐야 한다.

"공기는 좋잖여!"

김종광, 「학생댁 유씨씨」, 『성공한 사람』

(교유서가, 2021)

동네가 시끄럽다며 아내가 불퉁대자, 남편이 한 대답이다.

이 소설의 지역적 배경은 다름 아닌 충청도 농촌. 이 동네가 얼마나 살기 안 좋은 동네인지 짐작하고도 남는다.

인터넷에 돌아다니는 그 유명한 충청도 말 있잖은가. 그 뭐냐, 아무짝에도 쓸데없는 사람한테 한다는 말.

"애는 착혀."

"내 죽음을 숨겨야 써."

정찬주, 『이순신의 7년 7』

(작가정신, 2018)

이순신이 '내 죽음을 적에게 알리지 마라'고 했다는 말은 근거가 없다고 한다. 전투 중에 적에게 알릴 겨를이 어디 있겠는가? 『승정원일기』 등에 기록된 바로는 "싸움이 급하니 내가 죽었다는 말을 하지 말라" 했다고 전해진다. 정찬주 작가는 『이순신의 7년』 시리즈에서 "싸움이 한창 급허니께 내가 죽었다는 말을 당최 허지 말으야혀"라고 표현했다. 이순신의 부모가 충청인이고 자신도 충청도 아산에서 자랐기에 이순신이 충청도 사투리를 쓰는 것은 당연할 터, 정 작가가 쓴 대사가 실제 충무공의 말에 더 가깝지 않을까.

윤봉길 의사는 丈夫出家生不還(장부출가생불환)이라는 글을 남기고 독립운동을 위해 고향을 떠나 중국으로 향했다. '사내대장부는 집을 나가 뜻을 이루기 전에는 살아서 돌아오지 않는다'는 뜻이다. 일생의 반 이상을 충남에서 살았던 그가 이 글을 말로 했다면 아마 이러지 않았을까. "사내새끼는 집 나가믄 일 내기 전에는 살아서 오지 말으야혀."

멀리 갈 것도 없이 김영삼, 김대중 두 전 대통령의 젊었을 적 연설만 봐도 영남, 호남 사투리가 적잖이 섞여 나온다. 그러나 위인들의 말은 서울말로 전해진다. 어딘가엔 표준어를 써야 한다는 룰이 있을지도 모르겠다. (있다면 알려주시기 바란다. 정말 몰라서 그런다.)

티브이를 보면 이상하게도 양반은 '했느냐, 말았느냐' 하면서 표준어를 쓰는데, 몸종은 '했구마니라우, 했슈' 같은 사투리를 구사한다. 양반과 하인이 사는 동네가 다른가. 건달은 또 어떤가. 인구의 반 이상이 수도권에 사는데 건달의 반 이상은 사투리를 쓴다. 주인공은 태생이 비천해도 서울말을 쓰는 일이 허다하다.

이게 어찌된 일인가. 왜 그럴까. 내 생각을 다 쓰기엔 지면이 작다.

"빌소릴 다 허면서 뉘럴 쥥애골리잖어유."

김성동, 『국수 2』,

(솔출판사, 2018)

'죙애골리다'는 남을 놀리며 약올린다는 뜻의 충청도 사투리다. 충청남북도에서 고루 쓰였다. 그리고 뉘럴. 충청도에서는 '누이'를 '뉘'라고 한다. 여기에 '를'이 아닌 '럴'을 붙여 '뉘럴'이라고 하니 더욱 압축적으로 느껴진다. '월화수목금퇼!'도 생각나고.

충청도 말의 경제성은 인터넷 밈으로 회자된 지 오래다. '자낳괴'(자본주의가 낳은 괴물)나, '인조새'(인생 조진 새끼)같이 몇 글자를 빼서 만든 신조어들과는 다르다.

'지금 북한군이 쳐들어왔습니다!'는 '일났어어'로, '조심해서 들어가'는 '가~'로, '자네는 술 좀 하는가?'는 '술 혀?'라고 말한다. 한 문장을 한두 음절로 끝내 버리는 일이 적지 않다. 그러면 충청인과의 대화는 짧게 끝나느냐? 절대 그렇지 않다. 문장만 짧다.

영업사원 시절, 까다롭기로 유명한 대전 대리점 대표에게 물건을 팔아야 할 일이 생겼다.

"이 프린터가 무선으로도 작동이 됩니다요. 핸드폰만 있으면……."

"(멈칫) 그나저나 저기, 자네 핸드폰이 아이폰이구만?"

"사장님은 뭐 쓰세유?"

"난 갤럭시여. 근디 아이폰 쓰는 사람들은 은근 하대하대."

"이이? 어떤 놈이 그려유?"

그렇게 첫째 날과 둘째 날은 다른 이야기만 하다가 끝났다. 그리고 이제 그만 포기할까 생각했던 셋째 날.

"그나저나 프린터 언제까지 사면 되는겨?"

대표는 셋째 날에 가서야 수천만 원어치를 주문했다. 제품의 스펙이야 나보다 더 잘 알고 있는 분이었다. 설명할 필요도 없던 것이다. 본질로 접근하려면 휘 돌아가야 한다. 단도직입적으로 들어가지 말라. 충청도인은 당황한다.

"이게 도대체 워치게 된겨?"

김성동, 『민들레꽃반지』

(솔출판사, 2019)

'이게 도대체 워치게(어떻게) 된겨?'는 '워치게 된겨?'와는 뜻이 다르다. '워치게 된겨?'는 보통 '어제 한화 경기는 어떻게 됐어?'처럼 어떤 일의 진행 결과를 묻는 의미다. 하지만 이 문장은 앞에 '이게'라는 대명사에 '도대체'라는 부사까지 붙었다. 옆 페이지의 일은 대체 어떤 상황일까.

저 말은, 한 노파가 6.25 때 헤어진 남편이 반세기가 지난 어느 날 자신의 눈앞에 나타난 모습을 보고 한 말이다. 그야말로 비현실적인 일이다.

어렸을 때 뒷집에 사는 친구가 대문을 박차고 우리 집으로 들어온 적이 있다. 그러더니 내가 아닌 우리 아버지를 찾았다.

"아자씨이, 울 아부지가……." 얼굴엔 눈물 콧물이 범벅이었다.

"늬 아부지 집에 계시냐."

친구는 아버지의 질문에 고개를 끄덕였고 아버지는 그길로 뒷집을 향해 헐레벌떡 뛰어갔다. 나도 친구와 뒤늦게 아버지를 따라 들어갔다.

"이게…… 워치게 된겨." 아버지가 외쳤다. 서늘한 공기 속에서 친구의 아버지는 마루에 누워 있었다.

"몸이 벌써 차."

친구의 아버지는 이미 주검이 되어 있었다. 농약을 마시고 스스로 목숨을 끊었다. 그렇게 생을 마감하는 사람이 많았다. 불과 30여 년 전의 일이다. 산 사람이 죽은 적은 있지만 죽은 사람이 살아 돌아온 적은 없다. 소설 속 노파의 남편도 실제로 살아 돌아온 것이 아니었다. 허상이다.

"이게 도대체 워치게 된겨?"라는 말에 대한 기억은 내겐 어둡기만 하다.

죽음의 기억이다.

"어허, 우리 젊은 대표가 오지게 한마디 혔다."

조정래, 『아리랑 5』

(해냄, 1994)

'오지다'라는 형용사는 '마음에 흡족하게 흐뭇하다', '허술한 데가 없이 알차다' 이 두 가지 뜻이 있는 표준어이면서도, '옴팡지다', '옹골지다'에 대응하는 충청도 방언이기도 하다.

요즘 충청도 말 중 하나만 고르라면 '오지다'를 고르겠다. 그 자체로 오지는 말이기 때문이다. 오지에 있는 마을에 사는 오지게 정신 나간 아이들은 단 하루도 오지게 놀지 않는 날이 없었기 때문에 오지다는 말을 오지게 쓸 수밖에 없었다.

"영길이 껄덕대는 폼이 아주 오지드라."

"뭐가 오지는겨 또."

"영숙이 옆에 태우고 후진으루 엑셀 오지게 밟아서 구판장까지 갔댜."

내 고향 청주는 현대 차 스쿠프로 전력 후진하고 자전거로 드리프트 하다가 논두렁에 처박히는 일이 비일비재한 동네. 그런데 상경해서는 거의 '오지다'라는 말을 쓰지 않았다. 쓰는 사람이 없었기 때문에 자연스럽게 그렇게 됐다. 아이러니하게도 '오지다'를 쓰지 않음으로써 '오지다'가 충청도 사투리라는 사실을 깨달았다.

그렇게 한참을 안 쓰다가 몇 년 전부터 갑자기 폭발적으로 쓰는 사람이 늘어났다. 가성비 오졌다, 분위기 오졌다, 스타일 오졌다...... 끝도 없이 쏟아져 나온다. 누군가는 '급식체'라고 했다. 2017년에 어떤 이가 쓴 SNS 글을 통해 퍼졌다는 설도 있다.

전에 오지게 썼던 만큼 오지게 들으며 돌려받는 중이다.

**남들헌티사 잊은 듯 씻은 듯 그렇게 허고
그냥 사는겨**

도종환, 「사랑방 아주머니」, 『접시꽃 당신』

(실천문학사, 2011)

신이 우리 부모를 만들 때, 소소했던 기쁨 한 스푼, 부끄러움은 사치로 느껴질 정도의 찢어지는 가난 열 스푼, 침이 질질 묻어나는 더럽고도 징그러운 애정 다섯 스푼, 돌연변이 세포가 거품처럼 보글보글 끓어올라 뼈가 부서지는 고통은…… 손이 미끄러져 왕창 들이부었다고 한다. 그래서 우리 부모는 불쌍한 인간이 되었다. 그렇기 때문에 평생을 지독한 고통 속에서 살다가 세상을 떠났다. 그들이 떠나던 날. 눈물 한 톨, 울음 한 음절 나오지 않았다. 너무나도 슬펐기 때문이다.

슬픈 일은 잊히지 않는다. 하지만 '지독히' 슬펐던 경험은 잊힌다. 지독하게 슬펐던 경험을 안고는 살아갈 수 없기 때문이다. 자기방어기제가 그렇게 작동한다. 하지만 사라진 것은 아니다. 그 슬픔의 핵은 아주아주 두텁고 단단한 격벽에 쌓여 내면의 마리아나해구에 봉인되어 있다. 나는 슬픔의 핵이 거기 있다는 사실만 알 뿐, 어떤 서사로 이루어졌는지는 완전히 잊혀 알 수가 없다.

굳이 그 위험한 곳으로 갈 용기도, 의지도 없다. 그냥 '그렇게 허고' 그냥 살 뿐이다.

모시를 들구 닥을 불를 적인 '꼬꼬꼬' 허구,
도야지를 불를 적인 '오래오래' 허잖어.
그거차람 송아치를 불를 적인 '매미야'라구
허넝 겨.

이명재, 『충청도말 이야기』

(신원문화사, 2016)

'모이를 들고 닭을 부를 때는 '꼬꼬꼬' 하고, 돼지를 부를 때는 '오래오래' 하잖아. 그것처럼 송아지를 부를 땐 '매미야'라고 하는 거야'라는 뜻이다.

그런데 이 셋의 공통점을 전혀 모르겠다. 닭을 부를 때 '꼬꼬꼬' 하는 거야 닭이 그렇게 우니까 그렇다 치고, 돼지가 '오래오래' 하고 우는가? 송아지를 부를 때는 또 '매미'라니? '꼬꼬꼬'가 의성어니까 '그거차람' 하려면 돼지를 부를 때엔 '꿀꿀꿀', 송아지를 부를 때엔 '음메음메'라고 해야 맞지 않을까? 더군다나 송아지를 충청도 전역에서 '매미야'라고 불렀다는 구절을 읽고 '난 충청도 사람이 아니야?' 싶어서 좌절했다. 돼지를 키웠던 우리 집에서는 돼지를 오래오래라고 부른 적도 없었다.

그렇게 살다가 몇 달 전 우연히, 일본에서는 돼지가 'ブーブー'(부부) 하면서 운다는 소릴 듣고 '뭔 소리랴 그게?' 했던 적이 있다. 프랑스 돼지는 'Groin groin'(그로와 그로와) 하면서 운다고 한다.

그제야 '오래오래'나, '맴, 맴, 맴, 매미'도 모두 의성어였다는 사실을 깨닫는다. 내 이전 세대의 말이다. 어려서부터 그 말을 듣고 자랐다면 돼지가 '오래오래' 하고 우는 것을 당연하게 생각했을 것이다. 나만 해도 그런 돼지나 송아지의 울음소리를 방언으로 듣던 세대는 아니었던 까닭이다.

요즘은 충청도를 가도 억양만 조금 남아 있을 뿐 사투리를 쓰는 사람이 전처럼 많지 않다. 충청도의 말이 사라지는 게 아쉬울 뿐이다.

"요기라도 허셨는지 모르것슈?"

김홍정, 『금강』

(솔출판사, 2016)

어린 시절, 가난했기에 더러웠고 더러웠기에 아팠다. 가난하고 아프고 더러운 가족은 늘 죄인처럼 눈에 띄지 않고 살았다. 생활보호대상이던 우리 가족은 면에서 주는 쌀을 타 먹었다. 약간의 위안이 되었던 것은 우리만 가난하지는 않다는 사실이었다. 로봇처럼 "밥은 먹은겨?"라는 인사만 하는 노인이 있을 정도였다.

병든 부모님이 돌아가신 후, 나는 고향을 떠났다. 무가지 광고에 난 '숙식 제공'이라는 문구만 보고 찾아간 경기도의 공장에 취직이 되었다. 중노동을 몇 년 버티니 세 들어 살 수 있을 정도의 돈이 생겼다. 수세식 화장실과 따뜻한 물이 나오는 집에서 사는 게 소원이었던 나는 그때 느꼈던 기쁨과 감동을 잊을 수 없다.

고향을 떠나온 이후에 일어났던 많은 일을 기억한다. 하지만 고향에서 있던 일 대부분은 기억하지 못한다. 공장 생활보다 고향 생활이 더 끔찍했던 까닭이다. 부끄러움과 수치심 속 가난의 기억은 삭제되어 이제 나조차도 제대로 기억하지 못한다.

어느 해 여름, 경부고속도로를 달리던 중 문득 집에 가 보고 싶다는 생각이 들어 청주로 핸들을 돌렸다. 기둥은 썩고 쥐들이 들끓어 천장이 아래로 불룩하게 내려앉은 그 집이 여태 있을 리가 없을 걸 알면서도. 그 시절의 소멸을, 확인하고 싶었다.

놀라웠다. 모든 집이 헐렸지만 그 집만은 마치 나를 기다리고 있던 것처럼 수십 년 전의 모습을 유지한 채 힘겹게 서 있었다. 나는 녹이 비늘처럼 일어난 철제 대문 사이로 집의 모습을 훔쳐보았다.

"밥은 먹은겨?"

등 뒤에서 들리는 소리에 온몸의 털이 곤두섬을 느낀다. 나는 섣불리 뒤돌아서지 못한다. 그와 마주하는 순간 잊었던 기억들을 파도처럼 맞이할 것임을 직감했기 때문이다.

**정육점 가서 찌개 넣는 고기 맛있는 거
달라 허면 줘. 이름은 몰러.**

51명의 충청도할매들,『요리는 감이여』

(창비교육, 2019)

청주에서 태어난 조재용 할머니의 '돼지배추 김치찌개' 레시피 중 일부다. 너무도 충청인다워서 난 눈물이 났다. 누군가 물었을 것이다.

"아니 뭔 고기가 들어가는 줄두 모르구 어뜨케 레시피를 쓰신 거유?"

그럼 할머니가 답했겠지.

"일단 혀 봐."

뭐 없고, '찌개 넣는 고기, 맛있는 거 달라 허면 주는 고기'를 물에 먼저 삶고 물을 버리고는 들기름에 볶은 김치를 써야 한다는 것이 핵심. 물을 얼마나 넣어야 한다, 고기를 얼마나 넣어야 한다, 얼마나 끓여야 한다……, 그런 거 없다. 응, 충청도는 그런 거 없어.

할머니는 맛나다고 책에 쓰셨다. 근데 어떤 맛이라고는 쓰지 않으셨다. 당연하다. 정육점마다 맛있는 고기의 기준이 다를 것이며, 집집마다 김치의 맛이 죄다 다르기 때문이다.

그래서 직접 해 봤다. 일단 정육점에서 '찌개용'이라는 팻말 앞에 있는 돼지고기를 사와 삶은 다음, 김치와 함께 들기름에 볶는다. 물을 적당히 붓고 팔팔 끓이고는 설탕, 마늘, 파를 넣고 다시 끓인다. 끓이는 동안 침을 다섯 번 삼켰다. 맛이 없을 수가 없다. 너무 짜면 물을 더 붓고 끓이면 된다. 한 숟가락 떠 먹으니 기가 막히다. 시원하다. 잠깐만, 소주. 번개처럼 편의점으로 튀어 나간다. 1급 발암물질이 든 음료를 사는 주제에 굳이 '설탕제로'라고 쓰인 소주를 사 온다. 할머니 레시피로 만든 찌개를 안주로 소주 두 병을 마셨다. 남은 찌개는 다음 날 물 더 넣고 라면 사리 넣어서 끓여 먹었다. 실로 환상적이다.

다시금 책 제목을 본다.

'요리는 감이여'

**오늘은 그냥 경로석에 앉어유.
성장판 수술했다맨서유.**

이정록, 「팔순」, 『그럴 때가 있다』

(창비, 2022)

10킬로미터 달리기를 완주하는 건 어렵지 않다. 아침에는 두 자리, 저녁에는 세 자리를 기록하는 체중이지만 완주하는 데 한 시간을 넘기지 않는다. 해 왔던 일이다. 그런데 결국 어느 날 무릎이 체중을 버티지 못해 고장 나고 말았다. 병원에 갔더니 연골이 찢어졌다고 했다. 충격이었다. 고민 끝에 수술 날짜를 잡았다. 수술을 하고 나니 허벅지는 젓가락처럼 가늘어진 느낌이었고 무릎은 제대로 구부러지지 않았다. 하지만 병실에 같이 뻗어 있던 동료 환자가 있었기에 지루할 틈 없이 지낼 수 있었다. 그 역시 충청인이어서일까. 이런 저런 농담을 주고받으며 즐겁게 지냈던 까닭이다. 퇴원 후 몇 달이 지나 외래 진료를 보러 갔더니 병원 입구에 낯익은 얼굴이 보였다. 입원실에 같이 뻗어 있었던 전우……, 아니 동료가 절룩대며 들어오는 게 아닌가.

"여태 안 나슨 거유?"

"망했습니다. 축구를 하믄 안 되는데……."

축구를 하다 십자인대가 끊어져 수술을 받았던 그는 수술 후 또 축구를 하다가 무릎을 다친 것이다. 그건 그렇고, 축구를 하면 안 되는 거였어? 축구하려고 수술한 게 아니었어? 나, 난 달리기를 하려고 수술한 건데? 동공에 지진이 막 일어났다.

그의 모습은 나의 미래 같았다.

나는 달리기를 관둘 생각이 추호도 없기 때문이었다. 어차피 무릎이 망가지는 미래로 정해졌다면 나는 마라톤 완주는 하고 슬픈 미래를 맞이할 것이다.

얼마 전, 나는 비장한 마음으로 마라톤 풀코스 신청을 했다. 이 책이 나왔을 때, 나의 그 소망도 이뤄졌길 바란다.

그 전에 살을 좀 빼야겠지만.

"엄마는 『걸리버여행기』도 안 읽어본 겨?"

이승호 지음, 김고은 그림, 『책 좀 빌려 줘유』

(책읽는곰, 2012)

어릴 적 우리 세대에 좀 산다 하는 집은 세계동화전집을 세트로 갖춰 놓았(다고 한)다. 전집 세트를 실물로 본 적이 없다 보니 전설 같은 이야기일 뿐이다. 이승호 작가의 『책 좀 빌려 줘유』 속 주인공도 집에 동화책이 한 권도 없다. 설정만 봐도 눈물이 앞을 가린다. 왜 아이에게 이렇게 잔인한 짓을…….

우리 집에도 책 자체가 별로 없었다. 내가 읽은 책은 월간 『새농민』에 실려 있는 연재소설과 어떻게 굴러 들어왔는지 짐작도 가지 않는 『리더스 다이제스트』 그리고 제지공장의 폐지 야적장에서 가져온 데이비드 애튼버러의 『생명의 신비』(1985년에 발간된 책인데, 잃어버린 후 마흔 넘어서 어렵게 다시 구했다. 나의 인생을 바꿔 놓은 소중한 책이다)가 거의 전부다.

그럼에도! 집에 동화책이 있었으니, 그것이 『걸리버여행기』였다. 바로 '노란책'으로 불렸던 계몽사 버전이다. 내가 사달라고 한 적은 없었으니 아무래도 형이 사달라고 했던 모양이다. (장남의 힘은 크다.) 걸리버여행기 속 걸리버가 소인국만 여행한 게 아니라는 사실이 놀라웠다. 『걸리버여행기』 말고도 다른 책이 하나 있었는데, 『명견 레시』였다. 수백 권의 세계동화전집 중 두 권이 있었던 셈이다. 지금 생각나는 동화책은 그 두 권이 전부지만 그에 대한 감흥은 나의 뇌 주름 깊은 곳에 각인되었다. 집에 그 두 책밖에 없었기에 읽고 또 읽었기 때문이다. 천만 다행인 것은 그 책들이 훌륭한 내용을 품고 있다는 사실이다. 『걸리버여행기』 대신 『제프리 다머●의 일생』 같은 책이 있었다면 내 인생이 또 어떻게 바뀌었을지 모를 일이다.

● 미국의 연쇄살인범.

"아따, 가의가 사램보다 낫구먼."

박경희, 『충청도 마음사전』

(걷는사람, 2023)

며칠 전 역에서 누군가 흉기를 휘둘러 1명이 숨지고, 3명이 다쳤다. 어제는 누군가 차를 몰고 인도로 돌진해 사람들을 친 다음, 백화점으로 들어가 역시 칼을 휘둘러 10여 명이 부상당하고 1명이 사망했다. 오늘은 살인을 예고하는 글 작성자 60여 명을 검거했다는 뉴스가 나왔다. 이 글을 쓴 날은 2023년 8월 5일이다.

신문들은 '묻지마 살인'에 대한 기사를 앞다투어 올렸다. 한 범죄심리학 전문가는 가해자들이 현실에 불만을 품고 불특정 다수를 해함으로써 공포심을 유발하려는 동기가 있으며, 이는 영미권의 '외로운 늑대'형 테러리스트들과 굉장히 비슷하다고 말했다. 하지만 이런 무분별한 표현들은 참담한 현실에 더해 가슴을 한층 더 갑갑하게 만든다.

'묻지마 투자', '묻지마 관광', '묻지마 살인'. '묻지마'는 흔히 동기를 모를 때 쓴다고 '알려져' 있다. 사전에는 없는 신조어다. 하지만 이유나 동기 없는 투자, 관광, 살인은 없다. 한탕 투기, 불륜 관광, 이상 동기 살인 등으로 바꾸어 쓰면 문제가 없다.

'외로운 늑대'라는 표현도 그렇다. '외로운 늑대'Lone Wolf는 극우 인종주의자 알렉스 커티스가 백인 우월주의자들을 선동하며 사용한 표현이다. '외로운 늑대'는 가해자들의 언어다. '비자발적 독신자 테러'라고 명명하는 게 낫지 않을까. 실로 인셀Incel(비자발적 독신 남성)이 신종 테러 위협으로 떠오르고 있다고 『가디언』, 『더 타임스』 등 수많은 외신들이 분석한 바 있다.

세상에 어떤 늑대가 되는 일이 없다고 동료들을 살해한단 말인가. 충청도 말로 '가이'는 개를 의미한다. 개과 동물은 배신하지 않는다. 그리고 자신에게 주어진 환경을 받아들인다. 사람에게 다리가 잘려도 그 가해자나 자신을 원망하지 않고 꿋꿋하게 살아간다.

**얼룩배기● 황소가 해설피●● 금빛 게으른
울음을 우는 곳**

정지용, 「향수」, 『정지용 시집』

(열린책들, 2023)

황소 하면 말 그대로 황모 하나로 전신이 뒤덮인 한우를 떠올리게 된다. 그러니 얼룩배기 황소라고 하면 '열림교회 닫힘', '붕어 안 들어간 붕어빵' 같은 모순적 느낌이 드는 것이다.

얼룩배기 황소를 본 적이 있는가? 난 아직 없다. 그런데 정지용 시인이 살았던 1900년대에는 한우의 색이 다양했다고 한다. 정종 때 간행된 『신편집성마의방우의방』新編集成馬方牛醫方도 불효두, 상문, 백우, 청우, 용문, 일태황, 호척, 녹반우, 황우 등 당시 존재했던 다양한 소들을 소개하고 있다. 가깝게는 황희가 흑우와 황우를 보고 "어떤 소가 일을 잘하느냐"고 물었다는 일화에서도 알 수 있다. 이러니 당시 얼룩배기 황소는 흔할 수밖에 없었을 터.

그런데 어쩌다 지금은 한 가지 색의 황소만 볼 수 있게 되었을까. 1938년 일제가 '조선우심사표준'이라는 걸 만들면서 조선의 소는 황우 한 가지만이라고 규정함에 따라 다른 소들은 일본으로 반출되거나 도태되어 황우만이 남아 있게 되었다고 전해진다. 지금은 흑우, 황우, 백우 그리고 고양이의 카오스 태비 무늬를 갖고 있는 칡소 등이 복원되었다고 하니 그나마 다행이다.

한편, 충북 옥천이 고향인 정지용은 소고기를 좋아했는가 하는 뜬금없는 의문이 솟아오른다. 그의 수필에 '저육과 정육으로 된 고기찜이 진미가 아닐 수 없다'는 표현이 나오는 걸로 보아 없어서 못 먹었던 걸로 보인다. 그 누가 알겠나. 시인이 입맛을 다시며 '얼룩배기 황소'를 바라보았을지.

● 얼룩빼기의 충청도 방언.
●● 해 질 무렵 햇빛이 옅거나 약한 모양을 뜻하는 충청도 방언.

대궐 한번 지어를 봅시다
에헤라 지점●이호

충주시 주덕읍에서 집터를 다지며
부르는 지경소리

얼마 전 충주에 사는 대학 동기가 부친상을 당해 조문을 갔다. 장례식장은 남한강 옆 언덕에 세워져 있었다. 서울로 치면 한강 기슭에 있는 잠실엘스 정도 되는 위치랄까.

"여기는 초상집 뷰도 오지게 좋네. 서울이믄 그냥 아파트가 줄줄이 섰을 건디……."

"뭔 아파트여, 사람이 자고로 마당 있는 집에서 살아야지."

J가 대꾸했다. 집 정도는 제 손으로 짓고도 남을 위인 J. 더군다나 우리는 전공이 토목 아니던가.

"지하실에는 뭐 스크린골프장두 놓구 하더라만."

전원주택의 로망이야 다들 있지 않은가. 앞에는 강물이 흐르고, 앞마당엔 윈도 배경 화면 같은 잔디가 깔려 있는 그림 같은 집.

"뭔 골프여. 관심 읎구, 나는 지하실에 사람 좀 잡아다가 가뒀으믄 좋겄구먼." J가 숟가락을 뜨며 말했다.

"느그들은 그런 생각 안 혀? 싸가지 읎는 놈 잡아다가 팔두 좀 한 짝씩 썰어 놓구……."

다른 녀석들이 정색을 했다.

"아녀, 보통은 그런 생각 안 혀."

"워떤 인간이 그림 같은 집에 고문실 놀 생각을 햐."

뜬금없는 지하실 감금 이야기로 한바탕 왁자했다. 하지만 그 자리에서 고문실에 대한 상상을 했던 사람은 J만이 아니었다. 나도 늘 그런 상상을 한다. 경찰이 내 컴퓨터 검색 기록을 보면 구속영장을 청구할지도 모른다. 스릴러 작가라면 어쩔 수 없다.

"나두 그런 생각 하지. 맨날……."

나는 소주 한잔을 털어 넣으며 중얼댔다.

● '지경'의 충청 방언. 지경은 일정한 테두리 안의 땅을 의미한다. 이 민요에서 '지점'은 지경 혹은 땅을 다지는 지경돌을 뜻한다.

"그런 게 아녀!"
"아니긴 뭐가 아녀."

김소진, 『장석조네 사람들』

(문학동네, 2002)

『장석조네 사람들』에 등장하는 '폐병쟁이 진 씨'는 자신의 폐병을 치료할 요량으로 오 영감으로부터 오리를 산다. 그런데 오리가 금붙이를 삼켰다는 소문이 돌면서 동네 사람들이 진 씨에게 다들 말 한마디씩 얹는다. 왼쪽 대화는 이웃들이 어차피 오리 배가를 생각을 하고 있지 않았느냐며 진 씨를 몰아붙이는 장면이다. 다들 오리 배에서 금이 나오면 '떡고물'이 떨어질 거라 기대하면서 말이다. 오리의 주인은 진 씨다. 소유권도 없는 주위 사람들이 남의 오리에 군침을 흘리며 아무렇지도 않게 진 씨에게 이래라저래라 하는 것이다.

"아니긴 뭐가 아녀"는 몰아붙이는 쪽에서 주로 쓴다. 상대의 거짓말을 이미 확신했다는 쪽. 농담이 아니라 진심으로 저런 말이 오갔다면 둘 사이의 신뢰는 이미 무너진 것과 다름없다.

이 장면에서 인간에 대한 혐오가 스멀스멀 기어오른다. 이 소설 속에서는 정이고 의리고 모두 허울일 뿐이다. 등장인물들은 어떤 일을 뜻대로 하려면 "얼마간 쥐어 줘야 뒤탈이 없다"는 논리를 충실히 따른다. 누군가 공돈이라도 생기면 자신도 한몫 챙기려고 협박하기를 서슴지 않는다. 하하호호 하는 모양도 거짓일 뿐, 자그마한 욕망도 감출 줄을 모른다.

결국 이러한 상황에 진저리가 난 진 씨는 오리를 멀리 떨어진 곳에 방생해 주고 만다. 남의 물건과 여자를 탐하고, 복수하고, 목숨을 끊는, 그야말로 말할 줄 아는 짐승들의 세계. 진 씨가 오리를 놓아주는 모습은 소설에서 유일하게 인간적인 장면이었다.

나는 옛날이 좋았다는 사람들의 말을 전혀 믿지 않는다. 과거가 아름다웠다면, 인간의 호의 때문이었을 것이다. 갈증 겪는 이의 바싹 마른 혀에 물 한 방울 떨군 것뿐이어도 종종 그것은 과대평가되고 미화된다. 귀하기 때문이다.

"그게, 참, 머시냐. 말허기가 참 그런디, 그게 가랑비 오는 소리 같기두 허구, 개미 겨 가는 소리 같기두 허구, 뭐 그래유."

이명재, 『속 터지는 충청말 1』

(작은숲, 2019)

서산에서 하우스 농사를 짓는 아주머니가 '누에가 뽕잎 갉아먹는 소리가 어떤 소리냐'는 라디오 진행자의 질문에 한 대답이라고 한다. 누에가 뽕잎 갉아먹는 소리는 어떤 소리일까. 결론부터 말하자면 저 아주머니께서 한 말은 한 치의 틀림없는 사실이다. 누에가 뽕잎 먹는 영상에 가랑비 내리는 소리를 입히거나, 개미떼가 기어가는 소리에 누에가 뽕잎 먹는 소리를 입혀도 그 누구도 구분하지 못할 것이기 때문이다.

많은 사람이 누에가 뽕잎 먹는 소리와 개미떼가 기어가는 소리를 들어 보지 못했을 것이다. 그러면 가랑비가 오는 날을 떠올려 보자. 새벽 여섯 시. 습기를 가득 머금은 대기가 대지를 품고 있다. 물방울이 모래 위에 하나둘 떨어지나 싶더니 이윽고 황토색이던 바닥이 갈색으로 변한다. 당신은 활엽수가 가득한 숲속의 팔각정에 앉아 가랑비가 오는 소리를 듣는다. 수천 개의 물방울이 잎사귀를 때린다. 마음의 평화가 찾아온다. 어제 깜빡이도 안 켜고 들어온 차에게 클랙슨을 울려 댄 나를 지금은 이해하지 못한다. 이 시간이 영원하길 바랄지도 모른다.

누에가 뽕잎을 먹는 광경도 마찬가지다. 누에 수천 마리가 머리를 움직여 뽕잎을 갉아먹는 그 광경을 보고 있노라면, 어느 순간 누에의 모습이 마치 외계인들의 행위처럼 비현실적으로 와닿음과 동시에 세상일이 덧없게 느껴지곤 한다. 오죽하면 누에가 뽕잎을 먹는 소리만 모아 놓은 유튜브 영상이 있을 정도다. 누에가 뽕잎 먹는 소리를 가랑비가 오는 소리 같다고 표현한 아주머니의 관찰력에 감탄할 따름이다.

충청북도 청주에는 한국잠사박물관이 있다. 혹시라도 청주에 여행을 가시는 분이라면 잠사박물관에 들러 누에를 보고 오는 것도 좋을 것이다.

"괜찮유유. 깨지니께 그릇이지,
튀어 오르면 공이지유."

정승철, 『방언의 발견』
(창비, 2018)

1996년 11월 18일 자 『중앙일보』의 한 지면에는 "TV개그界 절반이 충청도 出身"이라는 제목의 기사가 실렸다. 현재는 희극인 중 충청도 출신 비율이 대략 3분의 1 정도라고 한다. 이렇기에 많은 이가 그 이유가 무엇인지 분석했다.

한 심리학과 교수는 '완만한 지형 특성으로 인한 여유 속에서 해학과 독창성이 나오다 보니 개그맨이 많이 배출됐을 것'이라 했고, 한 연예기획사 대표는 '다른 지역에 비해 서비스업이 발달해 자연히 아마추어 연예인이 늘어나 프로 연예인도 많아졌을 것'이라 했으며, 한 개그맨은 '충청도가 서울과 가까워서 시험을 보러 많이 와서 그런 것일 뿐'이라고 했다.

완만한 지형은 충청도뿐 아니라 경기도도 마찬가지다. 서비스업이 가장 발달한 곳은 수도권이다. 충청도가 서울과 가까워서 충청맨들이 시험을 많이 보러 왔다는 말도 그렇다. 그럼 수도권 사람은 밧줄로 묶여서 못 갔다는겨, 뭐여? 언급한 분들의 심기를 불편하게 할 생각은 없다. 그러나 당사자성을 빌려 소신을 밝히자면 이 가설들에 동의하지 않는다.

수박장수가 "천 원만 깎아 줘요" 하는 손님에게 "거 냅둬유, 개나 주게" 했다는 일화나, 최양락 씨의 "괜찮유유. 깨지니께 그릇이지, 튀어 오르면 공이지유" 같은 말은 널리 알려져 있다. 어감이 부드럽고, 직유적이기보다는 은유적이다. 그러면서도 핵심을 명쾌하게 드러낸다. 불을 만난 고기가 기가 막힌 풍미를 내는 것처럼, 여유 있고 느긋한 충청도 사투리에 은유적 표현이 결합하면 독특하면서도 어처구니없는 웃음을 자아낸다.

나는 그 이유를 충청도 사람들이 사투리로 은유적 표현을 쓰기 때문이라고 정리한다. 물론 충청도인 중에서도 이게 되는 사람은 소수에 불과하다.

"그 글씨허구 이 글씨는 다르잖어유, 글씨."

나쓰메 소세키, 『도련님』

(강성욱 옮김, 온스토리, 2014)

나쓰메 소세키의 소설 『도련님』은 한글 번역본만 수십 개인데, 내가 읽은 책은 사투리가 쓰이지 않은 책이었다. 역자가 사투리 쓰는 장면을 지문으로 처리했던 까닭에 밋밋하다는 느낌을 받았다. 나중에 안 사실이지만 소설 속에 등장하는 시코쿠 사람들의 대화를 충청도 사투리로 번역한 버전도 많았다. 강성욱과 송태욱 역자의 번역본이 그것이다. 정수윤 역자가 2023년 예스24와 인터뷰한 기사를 보면 그도 최근 『도련님』의 번역을 마쳤다고 했다. 『도련님』에는 소설의 배경이 되는 마쓰야마(마쓰야마는 시코쿠시에 있다) 지방 사투리가 많이 나오는데, 충청도 사투리로 번역하는 게 어울릴 것 같아서 충청도 사투리 영상을 실컷 봤다고 한다.

"이제 와서 뭘 따지나 싶겠지만 말여, 역시 남의 이름을 잘못 부르는 거이 보통 실례가 아녀."

투니버스에서 방영했던 일본 애니메이션 『은혼』의 등장인물 사카모토 다쓰마의 대사다. 충청도 출신 성우 현경수 씨가 시코쿠 방언을 쓰는 등장인물의 대사를 충청도 사투리로 바꾸어 구사했는데, 내용을 몰라도 웃음이 절로 나올 정도다. 심지어 뒤끝까지 보이는 게 충청도 그 자체.

오사카 방언을 부산 사투리로 번역하는 일은 흔하다. 각각 일본과 한국의 제2의 도시이자 최대의 항구도시고, 야구를 유독 사랑하는 도시인 데다 힘찬 이미지까지, 여러 공통점 외에도 어떤 공통 정서가 있기 때문 아닐까.

시코쿠 방언을 충청도 사투리로 번역하는 게 어울리는 이유가 있을까. 누군가 이 글을 보고 알려 주시는 분이 있다면 좋겠다. 이쯤 되니 생전 가본 적도 없는 시코쿠가 궁금해지기 시작한다.

"중매 붙이러 온 할맨가 저년이 왜
두릿두릿●허구 지랄여."

방영웅, 『분례기』
(창비, 1997)

소설 『분례기』에서 석 서방댁이 자신의 딸인 분례에게 하는 말이다. 석 서방댁은 배고파서 누워 있는 자식들에게 '굶어 죽을 때까지 누워 있어라, 송장이 되면 너희 애비가 치워줄 터'라는 등골 서늘한 말도 서슴지 않는다. 갈수록 강도가 세지나 싶더니 수시로 '육시럴 년/놈'이라는 표현을 쓴다. 주검을 또 죽임, 즉 육시戮屍를 할 놈/년이라는 뜻이다.

그러면 자식들이 그렇게 죽을 죄를 지었느냐 하면 그렇지도 않다. 그저 두리번대거나 방 안에 누워 있었을 뿐인 자식들에게 살벌한 욕을 좀비에게 샷건을 쏘듯 난사한다. 성인 여성인 석 서방댁이 이렇게 자식들을 언어적으로 학대한다면, 남성들은 물리적으로 여성을 학대한다. 아내를 때리는 건 예사요, 성폭력도 일상이다. 이 모든 폭력을 다 겪은 이가 분례다. 나무하러 산에 가서 동네 이웃에게 겁탈당한 분례는 어머니에게 쌍욕을 들어가며 일상을 이어 나가고, 원치 않는 결혼을 한 후에는 남편에게 얻어맞는다.

충남 예산이 배경인 『분례기』를 읽다 보면 풀 한 포기 나지 않는 사막을 걷는 듯한 막막함이 느껴진다. 『분례기』는 커다란 악어처럼 나를 물고 과거라는 웅덩이로 끌고 들어간다.

나 역시 이러한 살풍경의 소용돌이 속에서 자랐다. 도박으로 집을 날리는 남자, 남편에게 저주를 퍼붓다가 얻어맞고는 다음 날 농약을 먹고 목숨을 끊는 여성들이 그곳에 있었다. 현재를 사는 네가 그런 걸 어찌 아느냐고 반문할 수 있지만 이는 엄연히 보고 들은 나의 경험이다. 80대 어르신의 어린 시절 이야기를 들어도 이해 못 할 부분이 거의 없다.

시골과 가난 속에서의 시간은 서서히 흐르기 때문이다.

● 두리번두리번의 충청 방언.

"너두 언능 일어나 영근이마냥
학교 댕겨야 할 것 아녀."

육근상, 『절창』

(솔출판사, 2013)

초등학교 다닐 때부터 인간이 왜 살아야 하는지 고민했다. 자살하면 영원히 지옥에서 고통받는다는 하나님의 말씀 (혹은 모태 신앙으로 인한 정신 개조) 덕에 차마 죽진 못하고 어쩔 수 없이 살았다. 그래서 살고 있었다. 근데 학교를 가야 한단다. 자살에 대한 고민은 왜 학교에 다녀야 하는지에 대한 고민으로 대체되었다. 공부가 재미있었다면 이런 고민을 할 리도 없었겠지만 안타깝게도 나는 공부하기를 끔찍이 싫어했다.

하지만 내가 학교에 가지 않으면 부모님이 슬퍼할 거기 때문에 그냥 다녔다. 나는 부모님에게 어떻게 살아야 한다는 소리를 들은 적이 없다. 물건을 훔치면 안 된다, 정직해야 한다 같은 뻔한 말조차 하질 않았다. 국민학교 졸업이 학력의 전부인 그들은 그저 자신의 행동으로 삶의 이치를 보여 줄 뿐이었다. 먹고 싸고 자고 학교 가고였다. 등교는 태어났으니 해야 하는 당연한 일 중 하나였던 거다. 그들은 학교에 가면 뭔가 제대로 된 '제품'이 뿅 하고 나온다고 여겼던 것 같다.

부모님이 돌아가신 후에는 목숨이 여러 개인 것처럼 살았다. 나를 보고 더 이상 기뻐할 사람도, 슬퍼할 사람도 없었기 때문이다. 교회에 다녔던 나는 자살만 하지 않으면 천국에 갈 사람이었으니까 죽어도 딱히 상관없었다. 그런데 말입니다······.

어느 날 정신을 차려 보니 졸업장을 받아 쥐고 있었다. 배운 건 하나도 없이 말이다. 부모님의 기대를 넘어선 성과였다. 이는 가을 야구를 목표로 했던 한화이글스가 한국시리즈에 진출한 것이나 다름없었다. 원하던 대학교나 전공도 아니었지만 말이다. 나도 이유를 모른다.

부모님이 살아계셨다면 나를 보고 어떤 말을 하셨을까.

"출세했네, 출세했어" 하면서 웃으시려나.

"이게 워치게 태우 형만의 문제여. 우리 동네 전체의 심각한 문제지. 범죄 없는 마을 기록 행진도 이제 중단된 거 아녀?"

황세연, 『내가 죽인 남자가 돌아왔다』

(마카롱, 2019)

『내가 죽인 남자가 돌아왔다』의 배경은 충남의 한 시골이다. 차에 사람이 치어 죽었는데, 주민들은 '범죄 없는 마을'의 타이틀을 지키기 위해 시신을 유기하기로 한다. 시신을 싣고 갈 요구받은 사람은 자신이 술을 마셨다며 면허취소가 될 것을 우려한다.

두 명의 경찰이 할리데이비슨을 타고 다니며 범인을 잡는 『기동순찰대』라는 미국 드라마를 보며 자란 나는 바이크라는 물건에 관심이 많았다. 마침 아버지에게 기아 혼다의 바이크 CG125가 있었다. 어느 날 아버지가 일하러 나간 사이, 오토바이를 살펴보던 나는 홀린 듯 시동을 걸었다. 기어를 올리고 클러치를 서서히 놓으니 바이크가 전진한다. 와우, 기동순찰대가 이런 걸 매일 타고 다녔단 말이지. 감탄하던 순간, 바이크가 휘청하며 쓰러지고 만다. 방향지시등은 깨지고 거울은 휘어졌다. 아버지한테 들키면 죽을 것을 우려한 나는 바이크를 집 뒤편에 숨겼다. 집에 돌아온 아버지는 오밤중에 오토바이 도둑놈을 찾으러 동네를 샅샅이 뒤졌다. 물론 나는 뒈지게 혼났다.

어른이 된 나는 꿈에 그리던 바이크를 타게 된다. 그런데 어쩌다 보니 나의 몸은 아스팔트 위를 굴러다니고 있었다.

"아, 내 오도바이……."

"오도바이가 문제가 아니여. 뼈나 추려."

"아저씨, 오도바이를 부탁해요."

"아이구 알았으니께, 어여 구급차에 들어가."

구급대원은 날 보고 정신이 나갔다고 여긴 게 분명했다.

자신의 살을 내어 주고 상대의 뼈를 자른다는 의미의 속담이 있다. 사자성어로는 육참골단肉斬骨斷. 그러나 나는 그 반대로, 이 소설 속 주민들처럼 뼈를 내주고 살을 취하는 생각을 많이도 하고 살았다.

"딸이 있어야 초상집 같어."

박연선, 『여름, 어디선가 시체가』

(놀, 2016)

아버지가 돌아가셨을 때, 나는 울지 못했다.

    장지로 가는 버스 안에서 사람들은 춤을 추고 노래를 불렀다. 버스에 붙은 한자 두 개만 빼면 관광버스와 다를 바 없었다.

    나는 왜 울지 못하는 사람인지 늘 생각해 왔다.

    엄마가 돌아가셨을 때, 나는 울지 못했다.
    그제야 내겐 우는 기능이 없다는 걸 깨달았다.

    우리 집은 딸이 없었다. 저 글을 읽고 생각한다.
    누나가 있었다면 뭐가 달라졌을까 하고.
    혹시 울 수 있었을까.

"그 옥상●만 보면 지 애비가 모집●● 나갔다
나오면서 고상했다던 생각이 나서 딱해
못 견디겄슈."

이문구, 「행운유수」, 『관촌수필』

(문학과지성사, 2018)

20대 초에 공장에서 일을 했다. 가진 게 몸뿐이라 그랬다. 공장을 고를 때 프레스가 있는 공장은 가지 않기로 했다. 유압프레스나 모터프레스에 손가락이 절단된 사람을 많이 봤기 때문이다. "우리 공장엔 프레스가 없다"는 총무과장의 말을 듣고 취직했다.

공장에서 일할 때 '톱 아저씨'라 불리는 동료가 있었다. 그 50대 남성이 하는 일이 톱질이었기에 그런 별명이 붙었다. 그 아저씨의 팔에는 손목부터 팔꿈치까지 이어진 흉터가 있었다. 흉터가 진해서 얼핏 보면 긴 연필을 붙인 것처럼 보일 정도였다. 그런 그에게 전기톱으로 금속 파이프 자르는 법을 배웠다.

"생각이 많으믄 다치는겨." 그분이 내게 일을 가르치며 했던 말이었다. 그때는 그 말이 무슨 뜻인지 몰랐다. 내 팔에도 그가 가진 것과 비슷한 흉터가 생긴 후에야 깨달았다. 그 있잖은가. 밥을 먹다 반찬을 옷에 흘리거나, 컵에 물을 따르는데 줄줄 넘치거나……. 생각이 없어서가 아니라 생각이 많으면 그런 실수를 하게 된다는 사실을.

나중에 알게 된 일이지만 그 공장엔 '프레스'만 없었다. 나는 프레스에 끼는 일은 없었지만 전기에 감전돼 쓰러지거나, 고온의 기름에 데거나, 무거운 물건을 들다 허리를 다치곤 했다. 다치는 방법은 무궁무진했다. 톱아저씨는 나보다 먼저 퇴사했다. IMF인가 뭔가 때문에 퇴사를 당했다.

그 후 톱 아저씨를 밖에서 다시 만나 소주를 나눠 마셨다. 나도 생각이 많아서 많이 다쳤다고 말하자, 그는 그때와는 다른 말을 했다.

"안전장치가 읎어서 그려."

● 건물 옥상이 아니라 어떤 인물을 가리킨다.
●● 일제강점기에 한국인 젊은이를 모아 주로 해외에 노동자로 데리고 간 일을 두루 칭하는 말.

**날카로은 첫「키쓰」의 追憶은 나의 運命의
指針을 돌너노코 뒷거름쳐서 사러젓슴니다.**

한용운『님의 침묵』(회동서관, 1926)

한용운의 고향은 충남 홍성이다.

지난 2023년 2월 한용운의 『님의 침묵』 초판본이 온라인 경매에서 1억 5100만 원에 낙찰되어 현대문학 최고가를 기록했다는 뉴스를 보았다. 초판본과 재판본 모두 출간 직후 일제가 금서로 정한 탓에 희귀본으로 남았다고 한다. 비싸게 팔렸다는 사실이 그저 부러웠던 나는 어떻게 생긴 물건인지 찾아보았는데, 초판본에 실린 시는 내가 아는 님의 침묵이 아니었다.

한국민족문화대백과 사전에는 "광복 후의 한성도서관은 초판과 재판을 기저로 했지만, 현대 맞춤법으로 고치는 과정에서 많은 오류를 범하게 되었다. 그 뒤 이 책을 기본으로 하여 유통본이 만들어졌기 때문에 유통본들에서 오류가 답습되고 있다"고 쓰여 있다.

내가 아는 「님의 침묵」은 아주 단정한 서울말로 쓰인 시였다. 이렇게 말이다.

날카로운 첫 키스의 추억은 나의 운명의 지침을 돌려놓고 뒷걸음쳐서 사라졌습니다.

원본은 이렇다.

"날카로은 첫 「키쓰」의 追憶은 나의 運命의 指針을 돌너노코 뒷거름처서 사러젓습니다."

홍성문화원에 따르면 '사러졌다'는 말은 '사라지다'의 충남 홍성 방언이라고 한다. 방언으로 쓰인 시를 표준어로 바꾼 건 왜곡 아닐까? 같은 뜻이라도 적어 놓으면 다르게 와닿는 것이 바로 말이기 때문이다.

언어학자들의 깊은 뜻이 있었겠지……

"기르던 돼지덜 산 채루 땅에 묻어 봐.
그딴 소리가 나오나."

이시백, 『응달 너구리』

(한겨레출판, 2016)

계속 확산되고 있는 구제역, 비단 우리나라만의 문제가 아닙니다. 이웃 일본도 10년 만에 구제역이 발생해 사상 최악의 사태로 치닫고 있습니다. 지금까지 소와 돼지 등 6만 마리 이상이 매몰처분됐습니다. 도쿄 김상우 특파원 연결해 자세히 알아봅니다.

2010년 5월 10일 방송된 YTN 뉴스 내용 중 일부다. '사상 최악의 사태'라는 표현을 쓴 걸 보면 그 심각성을 어렴풋이 짐작 가능하다. 이때만 해도 몇 달 뒤 우리나라에서 어떤 일이 벌어질지 예측한 기사는 없었다. 반 년 후 우리나라에서는 그야말로 지옥이 펼쳐진다.

2010년 11월부터 2011년 4월 사이 우리나라에 확산된 구제역으로 인해 소, 돼지, 염소 등 발굽이 달린 가축 350만 마리 이상이 살처분되었고 3조 원 이상의 피해가 발생했다.

지옥이 있다면 그곳일 터다. 좁은 구덩이에 돼지 수백 마리를 산 채로 밀어 넣는다. 죽으라고 밀어 넣었지만 돼지 몇 마리는 죽을 힘을 다해 탈출한다. 구덩이를 빠져나온 돼지가 포클레인 날에 찍혀 다시 구덩이로 굴러떨어진다. 생매장된 돼지들 중 몇이 이빨로 비닐을 찢었는지 핏물 같은 침출수가 새어 나와 하천으로 흘러든다. 많은 농민과 공무원이 과로로 쓰러지거나 자살했고 살아남은 자들도 트라우마에 시달리고 있다.

이런 농민에게 보상금 많이 받겠다는 말을 건네니 화낼 기운도 없는 것이다.

"술 마시지 말고 밥 열심히 먹으래유."
"이상 별로 없다는 얘기구만. 그려, 의사가 시키는 대로 혀."

김종광, 「낭만 삼겹살」, 『낙서문학사』
(문학과지성사, 2006)

소설 속 인물 '김 씨'가 종합건강검진을 받은 후, 자신의 아버지와 대화를 나누는 장면이다.

"술 마시지 말고 밥 열심히 먹으래유."

나도 술 마시지 말고 밥 열심히 먹으라는 이야기나 들었으면 한다. 사람의 수명이 80년이라고 쳤을 때, 나는 절반 이상을 살아 중년의 반열에 들었다. '생애전환기 무료검진' 어쩌고 하면서 안내문도 날아든다. 가족력도 있고 지병도 있고 내구성도 좋지 않아 병원을 내 집처럼 들락거려서 그런지 병원에 대한 두려움은 사라진 지 오래다. 딱히 오래 살 생각도 없고.

그런데 자식들에 대해서는 생각이 다르다. 우리 집 아이들은 젊다. 개 고양이 수명을 15년이라고 치면 아직 살 날이 더 많이 남았다. 그럼에도 벌써부터 병을 얻어 병원에 다니고 있다. 어린 노무 자식들이 말이다. 여기저기 아픈 중년 애비보다 병원비가 더 많이 나온다.

내가 내 진료를 받기 전에 초음파검사와 혈액검사 비용이 30만 원이나 나온다고 해서 '에휴 어쩌나' 걱정하고 있던 중, 고양이가 아파서 고양이를 데리고 동물병원에 갔다. 면역성 질환이 있다고 하던데 병원비가 14억5천4백23만4천 원 정도 나왔다. 정신이 멍해지면서 금전 감각이 속절없이 무뎌진다.

덕분에 나도 고민 없이 병원 가서 검사를 받고 있다. 애들 병원비에 대면 내 검사비는 깃털 같다. 나는 고지혈증이란다.

"술 마시지 말고 운동 열심히 해요. 어뜨케, 약 좀 드려?"

저런 표현은 약 안 먹어도 된다는 뜻이다.

열심히 운동하고 돈 벌어야 한다. 애들을 돌보려면.

"모두가 그눔이 그눔여."

장문석, 『버들고지』

(고두미, 2017)

장문석은 1956년 청주에서 태어나 청주에 있는 학교를 졸업하고 여전히 청주에서 생활하고 있는 시인이다. 그의 말에 따르면 충청도는 전통적으로 보수적 경향을 띠고 있으며, 새로운 변화를 원하기 보다는 소극적 태도로 여당의 텃밭 구실을 했다고 한다.

우리집에는 아직도 '국회의원 신경식'이라는 글씨가 각인된 금도금 티스푼이 있다. 신경식은 충청도 출신 정치인으로, 청주-청원 지역구에 야당인 민주한국당(당시 여당 민정당) 소속으로 국회의원 선거에 나섰으나 두 번 낙선한다. 이후, 1988년 여당인 민정당 후보로 출마해 이후 내리 네 번 국회의원 배지를 단다.

내가 초등학교(국민학교) 다닐 때, 13대 대선이 있었다. 당시 후보로는 당시 여당 후보인 노태우와 야당 후보인 김영삼, 김대중 등이 출마했다. 선거가 한창이던 때, 선생님이 내 친구에게 "느그 아부지 몇 번 찍느냐"고 물었고 내 친구는 손가락 세 개를 내보였다.

"빨갱이네."

내 친구는 영문도 모른 채 졸지에 빨갱이가 되었다. 나는 성인이 되어서야 어떤 맥락이었는지 파악했다. 대놓고 사상검증을 해도 문제가 무엇인지 인식조차 못 하던 분위기였던 것이다. 청주가 보수적 경향을 띠고 있다는 장문석 시인의 말은 사실일 터다.

얼핏 보면 그놈이 그놈이라는 말은 정치인을 싸잡아 욕하는 것처럼 느껴지지만 전혀 그렇지 않다. '그눔이 그눔여'라고 현실을 외면했기에 '멍청도'라느니, '핫바지'라는 비아냥을 밖으로부터 들었다는 거 아닌가.

과거에는.

"코랑 입은 하나면 돼유. 눈이랑 귀만 두 개 있으면 족하지유. 그리구 오줌은 앉아서 눠야지유."

한수산, 『군함도 1』

(창비, 2016)

남자 등장인물 중 하나가 어떤 배우자를 원하느냐는 질문에 한 답이다. 바로 내가 이 사람이 원하는 사람이 될 수도 있다. 이 사람이 원하는 배우자의 요건에 모두 충족하기 때문이다. 코랑 입은 하나, 눈이랑 귀는 두 개, 그리고 소변도 앉아서 보기 때문에 내가 이 자에게 청혼하면 그냥 결혼이 가능하지 않을까.

"오줌은 앉아서 눠야지유"라는 말은 여자라면 다 된다는 의미였을 터다. 그러나 이 말은 모호하다. 성정체성은 출생 시 성별과 반드시 일치하지는 않기 때문이다. 어쨌든 나는 생물학적으로 남성인데, 그와는 별개로 남성이든 여성이든 소변은 앉아서 보는 게 좋다고 주장하고 싶다.

남자 화장실 소변기를 보면 가운데 부분에 파리 모양의 스티커를 붙여 놓은 곳이 많다. 그 위치에 소변 줄기를 명중시키면 덜 튀기 때문일 터다. 덜 튀긴 하는데 안 튀는 방법은 없다. 어쨌든 튄다. 사람한테만 튀면 다행인데, 바닥에 많이 튄다. 집에서는 더하다. 좌변기에 서서 소변을 보다 보면 사방으로 소변 방울이 튄다. 변기물에 떨어지는 소변 줄기는 거의 직각에 가깝기 때문이다. 하루가 지나면 욕실은 지린내로 가득 차게 된다. 화장실 청소를 하다 보면 앉아서 소변을 봐야겠다는 생각이 절로 든다.

이 주장에 대한 반박은 책 리뷰 쓸 때 해 주시기 바란다.

숨이 끊어졌다고 생각한 부모가 윗목에
밀어놓고 날 새면 가져다 묻는다고 했는디
날 새고 보니께 아가 꼬무락대고 핏기가 돌아
살아났다는디 그때부터 아가 영 데퉁●맞고
좀 모자라

송진권, 「조맹선이 소 몰 듯이」, 『자라는 돌』

(창비, 2011)

나는 병원이 아닌, 집에서 태어났다고 한다. 산파가 누구인지는 모르겠으나, 태어나니 애가 누렇게 떠서 얼마 못 갈 거라 여겼단다. 허구한 날 설사를 하면서 죽을 똥 말 똥 했다고. 몇 달이 지나도 죽지 않자, 부모님은 그제야 출생신고를 한다. 그렇기에 내 주민등록번호 앞자리의 생일은 실제로 태어난 날과 다르다. 출생신고를 덜컥 해 버리면, 죽었을 때 사망신고를 해야 하는 번거로움에 그랬을지도 모르겠다.

옆의 소설을 읽다 '뭐야, 내 이야긴가' 하고 표지를 들춰 보니 저자의 고향이 충북이라고 나온다. 뭐지, 우리 동네 사람인가! 순간, 등골이 서늘해졌다. 내가 태어날 때 이 사람이 우리 집 산파의 어깨 뒤에 서서 나의 상태를 기록하고 있었는지도 모른다. ……일 리가 없었고, 나와 아무런 관계가 없는 사람이었다.

이윽고, 당시 영아 사망이 그리 드문 일이 아니기 때문이라는 사실을 깨닫는다. 충북만 그런 게 아니었고 전국적으로 그랬다. 많이 낳았고 많이 죽었다. 박한선 신경인류학자가 『동아사이언스』에 쓴 「저출산의 미스터리」라는 기고에 따르면, 구석기 시대에는 4~8명의 자식을 낳았을 것으로 추정되며, 조선시대 양반층의 출산율은 5.09명이었다고 한다. 그러다가 (내가 눈을 시퍼렇게 뜨며 살고 있는) 40년 전부터 줄어들기 시작하더니 지금은 불과 0.7명대에 머무른다.

빛의 속도로 세상이 변한다. 인구 변화는 지극히 일부일 뿐이다. 핸드폰은커녕 전화기도 없는 집에서 태어난 나로서는 지금의 급격한 변화를 감당하기가 벅차다. 때문에 세상에 대한 어떠한 정의도 내릴 수가 없다. 범람하는 강물에 떠내려가는 기분만 든다.

● 거칠고 미련하다는 뜻의 표준어.

인제 그거 안 해유.
인제 그거 안 해유?
야, 안 해유.

이성배, 「공주장」, 『이 골목은 만만한 곳이 아니다』

(고두미, 2020)

충청인의 '그거'는 텍스트만으로는 무엇을 뜻하는지 절대 알 수가 없다. 대화 현장에 있어도 당사자가 아니면 어떤 것에 관한 대화인지 헷갈린다. 그러다가 어느 때 아하! 하고 한꺼번에 상황 파악이 된다.

특정한 습도, 특정한 온도, 특정한 냄새 그리고 특정한 배경음. 우주를 느끼는 순간.

그거…… 아니 그거이, 그게 뭔지 알려 주지 않아도 그게 뭔지 알게 된다.

어서오세요 유심칩 바꿀라구요 번호가
몇 번이세요 저희가 일 년 이내면 무상으로
암만 어련허시겄어요 너덧 해 실컨 썼으니께
둔 내구 갈으야겄죠 명의자 신분증 가지고
오셨어요 유심칩을 바꾸시라구만 허던디요
신분증이 있어야지 변경이 어이참 아츰버텀
때약뻴에 오라 가라

　　　　김병섭, 「오뉴월 손님은 눈깔망나니보다 무섭다」,
『암마뚜마』(도서출판b, 2019)

누군가 휴대폰 대리점으로 유심칩을 바꾸러 온 모양이다. 그런데 핸드폰이 자신의 명의가 아니다. 그 누군가는 명의자 신분증을 가져온다. 그랬더니 대리점에서 이번에는 본인 신분증도 필요하다고 한다. 이쯤 되니 핸드폰을 가져온 이가 짜증 날 만하다.

상황을 보니 그 '누군가'는 자식의 명의로 된 핸드폰의 유심을 대리점으로 직접 바꾸러 온 충청도 어르신이 아닌가 싶다. 그는 유심칩이니 비밀번호니 하는 것들이 왜 필요한지 이해가 되지 않으면서도 대리점 직원이 시키는 대로 한다. 돈을 더 내라고 한다면 냈을 것이다. 모르니까. 안내하는 사람이 빙 돌아가는 길로 맹인을 안내해도 당사자는 모르는 것처럼 말이다.

처음 가입했던 자동차 보험을 웬만하면 바꾸지 않거나 약정이 끝난 지 몇 년이 지난 휴대폰을 계속 쓰는 분이 대부분이다. 어디 좀 볼까요 하고 약정서를 보면 '뭐여' 소리가 절로 난다. 한 달에 100킬로미터도 차를 운행하지 않는 어르신이 제약회사 영업사원과 비슷한 보험료를 낸다든지, 데이터를 5기가도 안 쓰는 어르신이 무제한 요금제를 쓰는 일이 수두룩하다. 업체 입장에서 이런 우량 고객이 어디 있는가.

"요즘 타는 거리만큼만 내는 보험도 있는데 바꿔 보세요." 했더니, "보험회사 박가 개를 내가 10년 알었는디, 뭔 소리여." 혹은 "그려, 밥은 먹었구?" 같은 대답만 돌아왔다.

둘이 다른 대답이지만 같은 뜻이다. 굳이 해석하자면 "나도 알지만 귀찮아" 정도가 되지 않을까.

누군가는 해약이 물고기가 통발을 빠져나가는 것만큼이나 어렵다고 느낄지도 모른다. 요즘은 스마트폰 앱이 없으면 택시도 잡기가 어렵다. 키오스크는 또 어떤가. 세상은 나이 든 사람들이 접근하기 어렵게끔 바뀌고 있다.

그래도 그냥 그러카고 사는 것이다.

"동백꽃이 주력인게벼?
남편은 뭐 하고 혼자야?
애는 뭐여?"

KBS 드라마 『동백꽃 필 무렵』(2019)에서

요즘은 호구조사하듯 개인사를 물어보는 게 매우 실례다. 그렇다고 물어보지도 않은 사실을 말하는 건 tmi다.

"날씨가 좋네요."
"네."
(적막)

"그래서 말인디, 저기 말리고 있는 고추 빻으면 멧키로나 나올 꺼 같아요?"
"네?"
(적막)

나의 대화는 늘 이런 식이다. 대화 중에 공백이 생기면 어쩔 줄을 모르겠다. 대화를 주도하는 것이 너무 어렵다. 그래서 이런저런 헛소리를 중구난방 내뱉다가 집에 와서 이불을 차며 후회한다. 결국 사람 만나는 걸 기피하게 된다.

충청도에서는 설명이나 대답은 우회적으로 할지 모르지만 질문은 돌직구 그 자체다. 차라리 『동백꽃 필 무렵』에 등장하는 동네 주민처럼 대놓고 물어보기라도 하면 좋을 텐데 하는 아쉬움이 종종 든다.

저는 돌직구 질문 환영입니다.

"쟈 굉부(공부)는 좀 워뗘?"
"참혹햐."
 (……)
**"그랴? 아들 농사 조진 지 월매나 되얐다구
발쎄 손주 농사를 조졌댜?"**
 (……)
"품성도 참혹햐?"

남덕현, 『한 치 앞도 모르면서』

(빨간소금, 2017)

'참혹햐'라는 대목에서 반가움을 숨길 수 없었다. 우리 동네에서도 자주 쓰던 말이기 때문이다. 명사의 끝에 '햐'라는 용언을 붙이면 십중팔구 충청도 사투리가 된다. 라면 햐, 밥 햐, 암울햐, 점프 햐……. 주목을 끄는 건 '참혹'이라는 명사와의 결합이다. 참혹하다는 말은 보통 전쟁, 전염병을 전하는 뉴스에서 주로 쓰이지만 나와 친구들은 일상에서도 썼다.

근디 말여, 문제는 다음 문장이다.

"아들 농사 조진 지 월매나 되얏다구 발쌔 손주 농사를 조졌냐?"

아무리 친구 지간이라도 상대의 부모자식 이야기는 조심스럽기 마련이다. 그런데 이 사람은 친구 손주 이야기를 하면서 갑자기 '망한 아들'까지 끌고 온다. 직구도 이런 돌직구가 없다. 그 흔한 말인 '그래두 애는 착혀' 같은 소리도 없다.

셔터가 내려진 가게 앞에 망연자실하며 서 있는 주인에게 "망했슈?"라든지, 건강검진을 받고 온 친구에게 "뭐랴, 암이랴?" 하고 대놓고 묻기도 한다.

그것이 예의고 아니고는 차치하고, 그렇다는 거다. 이 또한 충청인에게 분명히 보이는 특징이다. 질문을 받은 이는 화를 내기는커녕 헛웃음을 절로 짓게 되는 것이다. 이야말로 진정한 걱정에서 우러나오는 말인지도 모른다.

"고뎅이를 잡어서 국을 끓여서 먹으믄
소화가 그르케 잘 되구 벤비도 그냥 없어져요,
이 고뎅이가."

SBS 프로그램 『고향에서 온 편지』

70회(1999)에서

충남 금산의 할머니가 고뎅이를 잡으면서 고뎅이의 효능에 대해 한 말씀이다. 고뎅이는 다슬기의 충청 방언 중 하나다.

어제 회를 시켜 먹었더니 고뎅이가 딸려 나왔다. 다슬기 말이다. 이게 웬 횡재냐 싶어 "단물만 쪽 빨아먹고 쓴물까지 쪽쪽 빨아먹고……." 노라조 노래를 흥얼대며 열심히 빨아 댔는데, 내용물 흡수가 쉽지 않았다. 열 개를 빨았는데, 두어 개만 내용물이 나오는 것 아닌가. 다슬기를 삶은 후에는 끝부분을 살짝 잘라야 입에 물고 쪽 빨아먹을 수 있다. 물통 속의 물을 따를 때 물구멍 반대편에 작은 구멍을 하나 더 내야 물이 잘 따라지는 원리와 같다. 보니까 다슬기의 뾰족한 끝부분이 그대로였다. 그럼 어떻게 먹어? 검색을 해 보니 요지로 살을 꺼내 먹어야 한단다.

다슬기 먹는데 요지를 쓰다니, 강호의 도리가 땅에 떨어졌구나! 한탄했지만 회에 무료로 딸려 나온 곁반찬에 이렇게 구시렁대는 것도 예의가 아니기에 입을 다물었다. 다슬기의 끝을 일일이 니퍼로 자르는 것도 손이 많이 가는 일이다. 요즘처럼 사람 손이 귀한 시기엔 더욱 그렇다. 다슬기가 나왔다는 사실에 감사하며 조용히 먹도록 한다.

다슬기 하면 그 맛과 효능보다 다슬기 잡다 죽을 뻔한 기억이 더 우선이다. 미호강에서 다슬기 줍다가 물에 휩쓸려 들이켠 물이 몇 바가지인지 모른다. 어떻게 여태 살아 있는지 신기하기만 하다. 오늘도 어딘가에서 목숨을 걸고 다슬기를 잡아 올리는 주민들이 떠오른다.

잠시 다슬기 귀한 줄 망각한 자의 푸념이었다.

"자네두 들어봤을걸. 사슴벌레니
장수풍뎅이니 하는 거 말여. 영동에
장수풍뎅이연구회가 있댜."

권채운, 『바람이 분다』

(문학나무, 2018)

2016년 겨울. 주말마다 집회가 열렸다. 대통령 하야 요구 집회로 헌정사 유례가 없을 정도의 대규모 집회였다. 당시 모든 매스컴에서 대통령의 실정을 터뜨렸고 대통령의 지지율은 결국 한 자릿수 초반까지 떨어졌다. 모든 국민이 탄핵을 외쳤다고 봐도 과언이 아니다. 개중에 시선을 끄는 깃발이 있었다. 바로 장수풍뎅이가 그려진 '장수풍뎅이연구회' 깃발이었다. 참여연대나 민노총의 깃발이 나부끼는 광경은 흔했지만 장수풍뎅이연구회 깃발은 너무도 생뚱맞았기에 시선을 끌었다. 이후, '민주묘총', '전견련', '화분안죽이기실천시민연합', '전국고급시계화물운송연합', '그리프스전쟁참전용사전우회' 등, 생전 듣도 보도 못한 단체들의 깃발이 나부꼈다.

『한겨레』에는 "'장수풍뎅이연구회' 같은 21세기 데모론"(2018년 12월 7일 자)이라는 제목의 기사가 실렸다. 이 기사에서 황금비 기자는 "2016년 촛불집회를 기억하는 단 하나의 문구만 꼽으라면, 단연 '장수풍뎅이연구회'다"라고 말한다. 날카로운상상력연구소 김용섭 소장은 동아일보에서 "최악의 상황에서도 재치와 해학을 잃지 않은 한국인들이 만드는 평화 집회는 세계적으로도 유래 없는 수준"이라고 평했다.

많은 기자가 장수풍뎅이연구회 시위대의 정체를 알아내려고 그들을 취재했다. 그들의 답변은 허무하기 이를 데 없다. "아무 이유 없이 장수풍뎅이연구회가 그냥 모임 이름이 됐다. 사실 저는 벌레를 만지지도 못한다"고 했기 때문이다. 다른 깃발들도 대부분 별 의미가 없었다. '아무 말 깃발 대잔치'였던 셈이다.

그러나 장수풍뎅이연구회는 실재하는 단체다. 충북 영동에 장수풍뎅이연구회가 있다.

충북 영동군 학산면 장수풍뎅이연구회 043-745-8030

필성: 니가 나중에 포상금 타므는,
　　　나랑 5대5로 나눠 먹는 거지
용배: 누가 5여

영화 『거북이 달린다』(2009)에서

김윤석, 정경호 배우가 주연을 맡은 『거북이 달린다』라는 영화가 있다. 형사가 범인을 잡는 단순한 서사지만 예산을 배경으로 삼으면서 현실감과 재미를 살렸다. 나는 신정근 배우가 연기한 동네 건달 '용배'에게 유독 눈길이 간다. 탈주범 송기태(정경호 분)가 용배가 들고 있는 담배를 툭 치고 지나가자, 용배가 송기태를 불러 세우고 그의 머리를 툭툭 치면서 하는 대사가 있다.

"야, 이 양반아. 남의 돗대를 뿌러뜨렸으면 좀 미안하다는 말은 해 주고 가는 것이 사람된 도리가 아녀. 어? 짐 째리는겨? 혀 봐. 죄송합니다."

"죄송합니다."

용배는 송기태에게 사과도 받고 담배도 빼앗아 피우지만, 탈주범인 송기태의 심기를 건드린 용배가 무사할 수 있을까?

신정근 배우의 연기는 충청도 건달이 빙의했나 싶을 정도로 100퍼센트의 싱크로율을 보여 준다. 추리닝 무릎 늘어날까 봐 방바닥에 양다리를 쫙 펴고 앉아 돈을 세는 장면에서는 손뼉이 절로 쳐진다. 『짝패』에서의 충청도 조폭은 스케일이 커 현실적이라고 느껴지지 않는 반면, 『거북이 달린다』에서의 건달, 특히 용배는 충청도에 한두 명씩 '반드시' 있는 동네 형 같다.

그리고 그거 아는가? 2023년 여름 한국을 휩쓸었던 영화 『범죄도시 2』속 그 대사.

"누가 5야."

이 대사는 『거북이 달린다』에서 먼저 쓰였다는 사실.

"그류."

김애란, 「칼자국」, 『침이 고인다』

(문학과지성사, 2007)

'그류'는 '그려유'의 충청도식 준말이다. 소설 속 화자의 아버지는 누군가 돈을 빌려 달라거나, 담보를 요구했을 때 이 말을 뱉어냈다고 한다. 나는 어떤 충청인들의 대화를 상상해 본다.

"연만아, 천만 원만 빌려줘라."
"그류."
"연만아, 보증 좀 서 줘. 믿을 놈이 너뿐여."
"……그류."

한눈에 연만이라는 사람이 세상에 보기 힘든 호구라는 사실을 알 수 있다.

'그류'라는 말의 위력에 대해 생각해 본다. 제 인생뿐 아니라 가족의 운명을 송두리째 바닥으로 끌어내리는 두 음절.

그류.

또 이런 사람은 하나만 하지 않는다. 돈을 번 적이 거의 없거나 그나마 번 돈은 유흥과 내연녀를 위해 쓴다. 타인에게 싫은 소리를 하지 않으니 평판은 좋다.

어느 동네든 반드시 존재했던 '사람 좋은 사람'.

그 사람 좋은 사람이 지나간 자리에 남는 건 황폐함뿐이다. 아버지가 가정을 외면하는 동안 아이들은 배를 곯고 엄마는 그런 아이들을 위해 집 밖을 나서 돈을 번다.

그 황폐한 땅에서 싹을 틔우고 꿋꿋이 세상 밖에 나와 햇빛을 쬔 모든 처자식들을 존경한다.

**논과 밭 사이 작은 초가집
내 고향은 충청도예유**

조영남의 노래 『내 고향 충청도』에서

『내 고향 충청도』는 롯데자이언츠의『부산 갈매기』, SSG랜더스의『연안부두』처럼 한화이글스를 대표하는 지역 응원가다. 그렇기에 한화이글스 팬들은『내 고향 충청도』를 들으면 야구부터 떠올린다.

한화이글스는 한국 프로야구 역사상 가장 안타까운 팀이다. 2023년까지 꼴찌 횟수가 아홉 번으로 롯데와 함께 가장 많이 꼴찌를 했다. 그리고 2022년 9월 22일에는 LG에게 패하면서 3년 연속 10연패 달성이라는 대기록의 금자탑을 쌓았다.

저렇게 야구를 못하는 팀을 왜 응원할까 궁금해할지도 모른다. 하지만 한화 팬은 결코 실망하지 않는다. 한화 팬의 팬심은 상식을 아득히 뛰어넘기 때문이다. 2022년 멍 때리기 대회 우승자인 김명엽 씨는 자신이 한화 팬이라면서 "멍 때리는 건 한화 팬들이 가장 잘하니까 (……) 어렵지 않았습니다"라고 말했다. 지고 있어도 안타 하나가 나오면『나는 행복합니다』라는 노래를 합창하고, 연속 안타를 맞으면 부처 가면을 쓰고 목탁을 두드리면서 마음을 가라앉힌다. 이쯤 되면 한화 팬은 어떤 경지에 오른 게 분명하다. 오죽하면 한화 팬이 보살로 불리겠는가. 세계 무형 유산으로 지정할 필요성마저 느낄 정도다.

야구에 관심이 없더라도 대전에 가면 성심당뿐 아니라 야구장에 가 보길 바란다. 흥겨운 응원가를 들으며 맥주를 마시고 있노라면 저절로 기분이 좋아진다. 경기뿐 아니라 팬들의 응원 또한 볼거리다. 한화 팬들은 상대팀 투수가 주자에게 견제구를 던지면 '뭐여! 뭐 하는겨'라는 구호를 외치고, 파도타기는 슬로모션처럼 느리게 흘러간다. 그야말로 충청도식 응원의 진면목을 볼 수 있다.

언젠간 우승하는 날도 오겠지.

"흔히덜 깨가 쏟아진다고 하는디 정말루
자고 나면 깨가 쏟아졌나 방바닥을 쓸어
보기까지 했지유."

김풍배, 『눈물 먹고 핀 꽃』

(문경출판사, 2020)

중년 남자 고경철 씨가 이 세상을 떠난 아내와의 신혼을 회상하고 있다. 우리 동네 이장님이라면 고경철 씨한테 "경철이네 기계 하나 들여놔야겄어" 하고 말했을 것 같다. "착유기 말이여. 챔기름 뽑아야 할 거 아녀" 하고 말이다.

하지만 고경철 씨의 사연은 슬프디 슬프다. 옆 페이지의 소설 속 고경철 씨는 스스로 목숨을 끊은 아내에 관해 이야기한다. 슬픈 와중에도 금술이 좋았다는 말을 충청도식으로 표현한 것이다. 그렇다면 고경철 씨의 아내는 왜 자살했을까. 시어머니와 시누이의 괴롭힘 때문이다. 아내는 죽기 전 유서를 써 자신이 죽은 이유를 설명했다. 고경철 씨는 아내가 죽은 후, 긴 세월 동안 알코올중독자로 살아왔다고 한다. 고경철 씨의 어머니는 고경철 씨가 죽을까 봐 술을 사 와 고경철 씨를 달랬다고 한다.

그야말로 기괴한 이야기다. 자신의 배우자를 지속적으로 괴롭혀 죽게 만든 가해자에게 위로를 받는다. 괴로워서 술을 마시며 자해하면 죽은 아내의 한이 풀리는가? 그것이 고인에게 어떤 의미가 있는가?

분명 고경철 씨에게는 아내의 죽음을 막을 기회가 있었다. 아내에 대한 어머니와 누이의 학대는 지속적으로 꾸준히 이어져 왔기 때문이다. 이를 묵인한 고경철 씨도 책임에서 자유롭지 않다. 고경철 씨의 마지막 할 일은 경찰에 수사를 의뢰하는 것이다. 그러나 이야기는 그런 과정 없이 고경철 씨가 남은 혈육과 화해하면서 끝이 난다. 이것을 과연 해피 엔딩이라고 할 수 있을까.

머리말두 요약해유?

이원기, Peter Cho 공저, 『영어쿠데타』

(유앤아이코리아, 2002)

영어학습지 『영어쿠데타』의 머리말 바로 뒤에 나오는 문장이다. 독특하게도 영어 쓰임새나 문법을 충청도 사투리로 설명했다.

요즘 대중은 긴 글을 읽지 않는다. 단편소설조차 다 읽지 못하고 지루해한다. 한 뼘 좀 넘는 글인데도 서두에 세 줄 요약을 배치해서 읽을 가치가 있다고 어필해야 뒤로가기를 누르는 독자의 수를 줄일 수 있다. 글 읽기 자체를 즐기는 이들이 줄었음은 말하지 않아도 모두가 안다. 실제로 1년간 책을 한 권이라도 읽은 성인의 비율은 2013년 72.2퍼센트에서 2023년 43퍼센트로 크게 줄었다.●

이는 비단 독서에만 해당되는 현상은 아니다. 팬데믹이 끝난 후에도 극장 관객수는 좀처럼 회복되지 않았다. 영화 한 편을 진득하게 보는 이가 줄었다. 넷플릭스 같은 OTT 서비스와 유튜브 때문이다. 넷플릭스는 '빨리보기'를 지원한다. 90분짜리 영화를 1시간 만에 볼 수 있다. 그리고 지루하다 싶으면 아예 건너뛰고 볼 수도 있다. 이조차 시간이 아깝다 하는 사람들은 주요 장면과 줄거리만 빠르게 뽑아 주는 유튜브를 본다. (이러한 영상 대부분은 저작권 합의를 하지 않아 원작자나 제작사에 막대한 손해를 끼친다.) 이런 유튜브조차 빨리보기로 본다.

잠시의 지루함을 참지 못하는 사람도 늘었다. 틱톡이나 쇼츠처럼 1분도 채 되지 않는 영상조차 빨리감기 버튼이 없다고 불평하는 사람들이 나오는 현실에 어떤 두려움마저 느낄 정도다. 창작자 입장에서는 웬만한 자극으로는 '정독'이나 '정속 감상'을 유도하기 쉽지 않다.

모든 것이 고자극으로 치닫는다. 이게 독극물인가 싶을 정도로 매운 라면도 잘만 팔리는 세상이다.

● 문화체육관광부가 발표한 2023년 국민 독서실태 조사.

**뭔 소리여, 젓갈 하면 뭐니 뭐니 해도
갈치속젓이 제일이지.**

박범신, 『소금』

(한겨레출판사, 2022)

충남과 충북의 가장 큰 차이점은 바다의 유무일 것이다. 모태 충북인인 내게 충남인들이 바다에서 경험했다는 이야기들은 만화 『원피스』 주인공 루피의 모험과 하등 다름없이 신비할 뿐이었다. 바다에 대한 막연한 환상은 아직도 내게 남아 있다.

스무 살이 되기 전에는 어리굴젓, 갈치속젓이 뭔지도 몰랐다. 그런 진미가 존재하는지 알 턱이 있나. 충청북도는 바다가 없는 유일한 도이고, 스스로 여행을 한 적도 없기 때문이다.

어른이 되기 전에 내가 알고 있던 어패류는 멸치, 바지락, 꽃게, 고등어, 갈치, 오징어, 홍합, 꼬막 정도가 전부였다. 살던 동네에는 시장이 없었다. 시장을 가려면 버스를 타고 충남의 조치원까지 나가야 했다. 버스 정류장까지 가는 데만 20분이 걸렸다. 사정이 이러니 해산물 대부분을 생선 트럭으로부터 공급받았다. 가장 좋아했던 건 꽃게다. 끓였을 때 가득 퍼지는 꽃게탕 특유의 구수하면서도 들큰한 향은 결코 외면할 수 없다. 그리고 꽃게의 생김새. 건담을 좋아했던 나는 꽃게를 볼 때마다 건담을 떠올렸다. 단단한 외골격, 아귀가 딱 들어맞는 관절! 더군다나 대부분 게껍데기 같은 모양에 집게발을 연상케 하는 갈고리를 달고 있기까지 하다.

귀했던 꽃게에 비하면 꼬막은 한 소쿠리를 오백 원이면 살 수 있었다. 꽃게의 집게발을 갖고 며칠을 놀 수 있다면, 꼬막은 먹는 데만 며칠이 걸린다. 여기가 전남 벌교도 아닌데 꼬막껍데기가 집 앞에 무덤처럼 쌓여 있었다. 꼬막만은 흔했다. 그런데 갑자기 꼬막이 귀해졌다. 꼬막비빔밥 열풍이 부나 싶더니 꼬막무침, 꼬막전, 꼬막숙회……. 예전에 반찬으로 나오던 것들이 메인 요리가 되기 시작했다.

이 글은 꼬막이 비싸져 불만인 사람이 작성했습니다.

몸주로 강림하신 게 분명햐?

김영진, 박혜정, 안상경 공저,

『충청도 앉은굿: 충청북도 무형유산 제20호』

(청주시, 2012)

앉은굿이란 말 그대로 앉아서 하는 굿이다. 흔히 굿이라 하면 오색 한복을 입고 춤추는 법사를 연상하지만 충청도 법사는 흰옷을 입고 흰 고깔을 쓴다. 앉은굿을 충청도굿, 혹은 양반굿이라 부르기도 한다. 『충청도 앉은굿』은 충청북도 무형유산 제20호인 신명호 법사의 굿을 통해 충북의 앉은굿을 소개했다.

법사는 대잡이●를 앞에 두고 일문일답을 한다. 법사가 신령님이 몸주로 오신 게 맞느냐고 묻자 대잡이가 잡은 소나무 신장대가 마구 움직인다. 아니면 대잡이가 신장대를 흔드는 것인가? 아무튼 신이 소나무를 통해 대답을 하는 형식이다. '저 나무 왜케 과하게 흔들리는겨' 하는 생각이 드는 찰나, 법사가 다시 뭐라 질문하고 신장대는 미친 듯한 떨림으로 대답을 대신한다.

불현듯 신이 대답을 안 하면 이 굿은 어떻게 진행될까 짓궂은 생각이 든다. 신이 안 오시는 경우는 왜 없느냔 말이다.

"오신다메 왜 안 와?"
"어? 일났네."

● 무당이 신탁을 받을 때 대를 잡는 사람.

아리랑 아리랑 아라리요 아리랑 고개로 날
넘겨주게
울너머 담너머 님 숨겨 두고 난들 난들
호박잎이 날 속였네
팔라당 팔라당 갑사나 댕기 곤때도 안 묻어서
사주가 왔네

청주 아리랑 보존회, 『청주아리랑』

우리나라 3대 아리랑으로 강원도 『정선아리랑』, 경상도 『밀양아리랑』, 호남 『진도아리랑』 등이 널리 알려져 있지만, 충청도의 아리랑을 아는 이는 거의 없다.

최다 콘서트 공연 횟수로 기네스북에 오르기도 했던 '레전드의 전설' 하춘화 씨가 『충청도아리랑』이라는 노래를 부른 적이 있다. 특유의 구슬이 굴러가는 듯 간드러지는 목소리에, 박자는 쿵짜자쿵짝 딱 떨어지는 네 박자가 시쳇말로 아주 찰지다. '충청도아리랑은 뽕끼두 대단햐' 하면서 찾아보니 반야월 작사, 고봉산 작곡이라고 나와서 약간 허탈해졌다. 하춘화의 『충청도아리랑』은 전통 민요가 아닌, 본인 노래였던 것이다.

그러던 중, '최근 청주아리랑이 발견돼 청주 시민을 흥분시키고 있다'로 시작되는 기사●를 읽게 되었다. 『청주아리랑』이 뜬금없게도 중국 길림성에서 발견되었다는 것이다. 사연인 즉슨, 일본의 강제 이주 정책에 의해 충북 사람들이 연변 정암촌에 정착했는데, 그들이 부르는 노래를 채록했더니 『청주아리랑』으로 밝혀졌다는 것이다. 실제로 청주아리랑이 발견되기 전, 충북 중원군 조봉학 할머니가 이와 흡사한 가사의 노래를 불렀다는 내용이 『우리의 소리를 찾아서 2』에 기록되어 있다.●● 이는 열살 즈음인 여자 아이의 댕기에 곤때(고운때의 준말) 묻을 새도 없이 혼인이 정해져 신랑의 사주가 도착했는데, 자신의 운명을 모르는 아이가 콧물을 닦으며 훌쩍훌쩍 뛰어논다는 이야기를 표현하고 있다. 도입부부터 숨이 턱 막히는데, 당사자의 심정은 자신만이 이해할 수 있을 것이다.

● 「'대전 아리랑'은 없는가」, 『충청투데이』(2002년 12월 18일 자.)
●● 최상일, 『우리의 소리를 찾아서 2』(돌베개, 2002)

"그랑께 예전부텀 고양일 영물이라 안 한 갑뉴.
저렇게 악에 악을 쓰다 디져야 약이 되니께,
참만 기다려유."

문상오, 『묘산문답』

(밥북, 2020)

고양이가 관절에 효험이 있다는 이야기는 예부터 있었다. 고양이는 몸이 유연한 데다, 높은 곳에서 떨어져도 멀쩡한 관절을 갖고 있다는 이유에서다. 이는 수컷 물개가 암컷 수십 마리를 거느리며 교미한다는 이유로 해구신을 정력제로 먹는 것과 같이 황당한 논리가 아닐 수 없다. 그 말이 맞다면 치킨을 어마어마하게 소비하는 인간들이 아직도 알을 낳지 못할 리가 없다. 물론 의학적 근거도 전혀 없다.

고양이로 만든 국을 나비탕이라고 한다. 레시피 중 하나가 '끓는 물에 산 채로 넣어야 한다'이다. 어떻게 이런 가학적 상상을 인간의 건강을 지킨다는 명목으로 실현할 수 있는가. 몇 년 전만 해도 나비탕 재료로 쓰일 고양이가 수도 없이 건강원으로 잡혀가곤 했다. 현재는 이런 행위가 동물보호법과 식품위생법에 따라 징역형을 받는 범죄로 규정되어 나비탕을 끓여 먹는 멍청한 짓은 거의 자취를 감췄다. 그렇지만 고양이 학대가 사라진 것은 아니다.

전에는 나비탕을 먹어야 한다는 이유로 고양이를 학대했다면, 요즘은 자신보다 약한 상대를 제압함으로써 느껴지는 우월감과 그 과정을 불특정 다수에게 노출할 때 얻는 스릴과 쾌감을 얻으려고 고양이를 학대하고 살해한다. 고양이 학대와 살해는 또 다른 약자인 여성에 대한 가해로 이어진다. 학대자들은 고양이가 고통스러워하거나 죽는 모습을 보고 괴로워하는 사람들(대부분 여성이다)을 보며 쾌감을 느낀다. 정말 끔찍한 일은 이들이 대화방이나 커뮤니티를 통해 이러한 범죄행위와 피해자들의 신상을 공유하는 것이다. 이는 연쇄살인범이 자신의 범죄를 세상에 알리고 쾌감을 느끼는 과정과 매우 유사하다.

**"우리 식구들은 그저 구경이라믄
삭신을 못 쓰니께."**

이광복,『牧神의 마을』

(문성, 1991)

친구가 내게 그리 살면 심심하지 않느냐고 물은 적이 있다. 나는 여행을 다니지도 않고, 골프를 치거나 낚시를 하지도 않는다. 바빠서 그런 건 아니다. 내가 바빠 보였다면 친구가 그런 질문을 던질 이유도 없다. 최근에야 내가 심심함을 거의 느끼지 않는 사람이라는 걸 알았다. 마지막으로 심심하다고 느낀 적이 언제인지 기억도 나지 않는다. 최소한 최근 10년간은 한 번도 심심하다는 감정을 느껴 본 적이 없다.

난 그저 집에 있을 뿐이다. 누워 있기 대회가 있다면 침대 스프링이 탄력을 잃을 때까지 누워 있을 자신이 있다. 집 밖을 나서는 건 조깅을 하거나 개를 산책시킬 때 외에는 거의 없다. 하지만 늘 새롭고 재미있다. 유튜브만 켜도 몇 시간이 훌쩍 지나간다. 뭘 보는지도 모른 채로 홀려서 십 분 이상 화면에 눈을 고정하는 경우도 흔하다. 유튜브는 알고리즘으로 내가 좋아할 만한 영상만 보여 준다. 낮에 보기 시작했는데 어어 하다 보면 해가 서쪽으로 훌렁 넘어가 있다. 심각한가 싶어서 검색해 보니 '도파민 중독'이라는 제목의 영상이 뜬다. 유튜브 중독이 문제라는 내용의 유튜브 영상을 보면서 도파민을 충족한다.

인간은 역사 대부분 심심했다. 일 년에 몇 번 없는 사형집행이나 왕의 행차, 결혼식 정도가 사람들의 시선을 뺏는 일이었다. 전화 올 일도 없고, 연속극을 볼 일도 없다. 프로야구가 없으니 저녁마다 한화이글스가 패하는 일도 없다. 그러니 당시 작가들은 소설 쓰기가 훨씬 수월했음이 분명하다. 헤밍웨이와 마크 트웨인에게 유튜브만 있었어도 지금 같은 명작을 남길 수 없었다에 오백 원을 걸겠다.

환경이 이러니 현대 사회에서 소설을 쓴다는 건 정말 고된 일이 아닐 수 없다.

안덕벌 떼과부가 따로 읊어

역경을 헤쳐 나가는 억척스러운 여성을
빗대어 이르는 충청도 속담

청주의 내덕동 일대의 옛 이름은 안덕벌이었다. 6.25전쟁 직후, 안덕벌에 남편을 잃은 여성들의 마을이 형성되었다. (당시에는 '과부촌'이라 불렸다.) 남편을 잃은 안덕벌의 여성들은 애를 들쳐 업고 두부를 팔면서 삶을 이어 나갔다고 한다. 그렇다면 안덕벌에는 어떻게 남편과 사별한 여성들이 모이게 되었을까.

그 배경에는 보도연맹 학살 사건이 있다. 1948년에 국가보안법에 따라 구성되었던 국민보도연맹은 '극좌 사상에 물든 사람들을 사상 전향시켜 보호하고 인도한다'는 명분으로 좌익 성향을 가진 사람을 가입시켰다. 보도연맹원 가입은 할당제로 이루어져 지역공무원들은 좌익 성향과 관계없는 일반인도 가입시켰다. 전쟁 직전에는 가입자 수가 수십만에 이르렀다. 전쟁이 발발하자 정부와 군은 보도연맹원들이 인민군에 협조할 것을 우려해 이들을 무차별로 살해하기 시작한다. 이 과정에서 청소년을 포함한 일반인이 최소 10만 명 이상 사망했다. 전국 곳곳에서 법적 절차 없이 즉결 처형이라는 형식의 집단 학살이 일어났다. 충남 홍성군 담산리, 충북 청주시 분터골 등 충청 지역도 대량 학살의 예외가 되지 않았다. 이로 인해 청주의 안덕벌에서만 40여 명의 여성이 남편을 잃었다. 남편을 잃은 이들이 애를 들쳐 업고 콩나물이나 두부를 팔며 생계를 잇는 장면이 일대 주민들에게 각인된 것이 이 속담의 유례다.

매년 보도연맹 희생자의 유해가 수백 구씩 발견되었다는 뉴스가 들려 온다. 억울한 누명을 안고 죽은 사람과 유족들의 한은 언제 풀릴까.

**양주만 냉기구서 / 어여
다 잡어냈다 / 어여디여차 어여**

최상일, 『우리의 소리를 찾아서 1』

(돌베개, 2002)

라디오에서 반주 없는 민요가 흘러 나오면, 잠시 후 "이 소리는 충남 태안군 강대형 어르신과 주민이 부르신 조기잡이 소리입니다." 같은 아나운서의 멘트가 딸려 나온다. MBC라디오의 「우리의 소리를 찾아서」라는 프로그램이다. 보통 정규방송 전후에 배치되어 우리나라 각 지역의 토속민요를 채록하여 들려주는 짧은 코너인데, 무려 30년이 넘게 방송 중이다.

충남 태안군 황도리 어민들이 조기 잡을 때 부르는 『고기 푸는 소리』는, 한 명이 앞소리를 하면 나머지 선원들이 '어여디여차 어여' 하는 구호 같은 후렴구를 합창하는 방식이 상여소리와 비슷하다. 그러나 고기 푸는 소리의 후렴구 '어여디여차'는 매우 힘차게 뻗어 나간다. 끄트머리가 낮은음으로 기울면서 슬픔을 표현하는 상여소리와는 달리, 『고기 푸는 소리』에서는 후렴이 고음으로 올라가 바닷가 어부의 억센 기운을 느낄 수 있다.

여기서 "양주만 냉기구서"의 양주兩主란 부부를 뜻하는 단어다. 어떤 부부냐 하면 조기 부부다. 알을 낳을 조기 한 쌍은 남겨둔다는 의미로, 수십 년 전에도 어종을 유지해야 한다는 개념이 있었다. 이 노래는 1993년에 채록되었는데, 노래를 부른 강대형 할아버지는 당시 72세였다. 65세까지 배를 탔다고 하니, 마지막 고기잡이를 나선 해는 1986년일 터. 할아버지가 은퇴할 당시 세계 수산물 생산량은 1억 톤이 채 되지 않았지만, 40년도 흐르지 않은 지금 1억7천만 톤을 넘어섰다. 당시 49억 명이던 세계 인구는 지금 80억 명을 넘어섰다. 고등어보다 싸던 명태는 더 이상 동해에서 잡히지 않는다. 횟집에서 서비스로 주던 오징어는 금징어가 된 지 오래다. 공존을 망각한 인간의 끝없는 욕심으로 지구동물(지구가 아니다)이 멸망하는 길로 접어드는 중임을 아무도 부인할 수 없다.

**"어허, 정말이여! 허 참, 그 애가
이게 정말이냔 말이여."**

남정현, 「부주전상서」, 『남정현 대표소설선집』

(실천문학사, 2004)

소설 속 주인공이 아버지에게 '창경원이 제 집 정원이 되었다'고 말했을 때, 아버지의 반응을 상상해 쓰인 구절이다.

"망아지를 낳으면 제주도로 보내고, 사람이 자식을 낳으면 서울로 보내라"라는 속담이 있다. 이 소설 속에서는 "송아지는 낳아서 시골루 보내구 사람은 낳아서 서울로 보내라"고 변주된 표현이 쓰인다. 이는 이항복이 "준마가 서울에서 새끼를 낳으면 마땅히 외방外方에서 길러야 하고, 선비가 외방에서 자식을 낳으면 마땅히 서울에서 길러야 한다"고 말한 것이 유래라는 설이 널리 퍼져 있다.

출세하려면 서울로 가야 한다는 거다. "모로 가도 서울만 가면 된다"라는 속담이라든가, 대전이나 부산처럼 서울 남쪽이 아닌 파주나 개성 같은 서울의 북쪽에서 서울 가는 것을 "서울 올라간다"고 표현했다는 이야기도 서울의 위상을 나타낸다.

이항복이 죽은 지 수백 년이 흐른 지금, 말이나 소가 새끼를 낳으면 낳은 곳에서 키우지 어디로 보내지는 않는다. 하지만 사람은 어떤가. 서울 인구는 이항복이 살았던 한성 인구의 50배가 넘었다. 서울에만 인구 천만이, 수도권에만 남한 인구의 절반이 몰려 있다. '인서울대학', '서울공화국' 등의 단어가 서울로 가려는 사람들의 열망을 대변한다. 평일 오전 8시경 서울행 전철 속에 터질 듯 사람이 들어찬 모습을 보노라면 무섭기까지 하다. 직장, 학교, 문화시설은 모두 서울에 몰려 있다. 이들을 위해 SRT를 놓고, 강남에 있는 경부고속도로를 지하로 새로 뚫는다. 한국고용정보원에 따르면 2023년 전체 228개 시군구 중 소멸 위험이 있는 지자체는 118곳으로, 52퍼센트라고 한다.

인구는 줄고 수도 과밀은 더욱 심화되었다. 블랙홀은 우주에만 있지 않다.

자율주행 사과
사과 인터넷
사과 재생에너지
사과 배터리
사과 클라우드

유튜브 채널 『충주시』 「2021 충주외할머니사과
김선태 미래전략실 전략본부장 신년사」 영상에서

유튜브 채널을 운영하는 지자체가 많다. 개중 가장 핫한 채널은 김선태 주무관이 제작하는 『충주시』인데, 2024년 7월 구독자가 76만 4천 명으로 지방자치단체가 운영하는 유튜브 중 가장 인기가 많다. 서울시가 운영하는 유튜브 채널 구독자 20만 명과 충주시 인구 21만 명을 세 배 이상 뛰어넘는 숫자다.

인기 비결은 그야말로 '맥락 없음'과 '형식 파괴'에 있다. 『충주시』 채널의 사과 홍보 영상을 보자. 자율주행 사과, 사과 인터넷, 사과 재생에너지……. 이 무슨 소리냔 말이다. 머리로는 어림없다는 신호를 보내는데 입에서는 실소가 터진다. 이 공무원은 이런 영상으로 충주를 재치 있게 홍보한다.

한편, 공무원에 대한 인식은 어떤가. 영화 『주토피아』에서 공무원으로 등장하는 동물이 나무늘보인 것을 보면 공무원은 속터질 만큼 느리게 일을 처리한다는 인식이 자리 잡고 있다. 하지만, 우리나라 공무원의 일 처리는 매우 빠르다. 외국인들은 한국에서 공공시설이나 도로가 손상된 지 하루도 안 돼 복구되는 광경을 보고 놀라며 영상을 찍어 댄다. 각종 민원 처리나 서류 발급도 우리나라처럼 빨리 답을 주는 나라가 없다.

충주시 유튜브 제작 예산이 1년에 61만 원에 불과하다는 사실에 대단하다고 느끼면서도 한편으로는 씁쓸했다. 많은 젊은 공무원이 책임감과 긍지를 갖고 일한다. 반면 재해로 쓰러지는 공무원은 매년 증가하는 추세다. 인사혁신처에 따르면 2022년 공무원 재해는 5962건이 승인되었고 2023년 공무원 재해는 역대 최고치를 기록할 것으로 예상된다고 한다. 빠른 일 처리 뒤에는 공무원들의 희생이 있다. 철밥통이라며 냉소하기 이전에 공무원 노동 환경이 전체 노동자 환경의 기준이 되지 않을지 생각해 봐야 하지 않을까.

별거 있간디? 사는 거 다 거기서 거기지.

남덕현, 『충청도의 힘』

(양철북, 2013)

동네에 산책하는 개들마저도 부동산, 비트코인, 테슬라 이 세 가지 중 하나에 관해 물으면 "어······, 그거는 말이여" 하며 설명해 줄 것 같은 표정을 짓고 다니던 시기가 있었다.

"사는 거 다 거기서 거기여, 일론 머스크두 먹어 봐야 하루에 다섯 끼나 먹겠지." 오랜만에 만난 친구 입에서도 기어이 나왔다. 테슬라 그리고 그 회사 사장.

"그 한 끼가 보통 끼니겠어. 그 뭐여 한 끼에 수천만 원 하는 것두 먹구 그르지 않으까." 돈과 권력을 가진 사람이 내 주변에 단 한 명도 없다. 그래서 그런 이들의 생활을 알 리가 없다. 과연 '거기'서 '거기'의 간극은 얼마나 될까.

검색해 보니 그 전기차 사장이라는 양반은 아침도 잘 안 먹는단다. 즐겨 먹는다는 음식도 시리얼, 제로콜라, 라멘 같은 것이다. 이 사람은 별로 먹는 쪽에는 관심이 없는 모양이다. 나 같은 범인은 이해할 수 없는 일이다. 하긴 그는 화성 이주 같은 걸 생각하고 있으니까······. 더 검색해 보니 마약 파티를 하고 승무원에게 성추행 혐의로 고소당한 뒤 25만 달러의 합의금을 지불했다는 기사, 인턴과 부적절한 관계를 맺은 후 그를 간부로 채용했다는 기사도 나왔다.

우리나라 최고 기업의 총수라는 사람이 여성들에게 성접대를 받고 돈을 건네는 장면이 티브이에 나왔던 기억이 오버랩된다. 자신이 신이라고 주장하는 어떤 교주는 구원을 미끼로 성도 성폭행에 매진해 온 것이 드러났다. 돈과 권력으로 할 수 있는 일이 얼마나 무궁무진한데, 기껏 그것으로 했다는 행위가 성추행, 성매매란 말인가. 인간 욕망의 수준이 고작 그 정도란 말인가.

그들의 '거기'가 우리 범인이 생각하는 '거기'가 아니라는 건 확실하다.

"작가는 글로 말하는 사람이잖아."

김민희, 『이어령, 80년 생각』

(위즈덤하우스, 2021)

낯선 사람들과 미팅을 하러 간 적이 있다. 서너 명이 모였다. 그들은 모두 내게 명함을 건넸는데, 나는 건네줄 명함이 없어 뻘쭘했다. 그래서 명함을 파기로 했다. 이름 앞에 뭘 적을까 곰곰이 생각했다. 그러니까 직업 말이다. 내 직업과 가장 가까운 단어는 무엇일까. 알아 보려면 하루 일과를 복기할 필요가 있었다.

아침에 일어나면 우선 개, 고양이의 밥을 챙긴다. 여섯 시쯤 되면 고양이들이 책장 위에서 내 배로 떨어지거나 선반 위의 접시들을 떨어뜨리기 시작한다. 때문에 알람 설정을 하지 않아도 자연스럽게 여섯 시 전에 눈이 떠진다. (잠귀가 밝지 않았는데 살림이 박살 나기 시작하면서 밝아졌다.) 다섯 개의 고양이 화장실에서 똥을 퍼낸 후, 강아지 배변 패드를 교체한다. 아이들이 밥을 다 먹으면 밥그릇을 닦고 물그릇에 물을 채운다. 그러고는 개와 함께 (실제로는 개에 딸려 미친 듯이 뛰어다니며) 산책을 한다. 개를 씻긴 후 나도 씻는다. 그제야 커피 한 잔을 내려 책상 앞에 앉아 스크리브너를 켠다. 스크리브너를 켜 놓았지만 국제 정세도 챙겨 보고 유튜브도 보다 보면 실제로 글자를 끄적이는 건 한참 후다. 벌써 개, 고양이 점심을 챙겨 줄 시간이 되어 사료를 먹이고 설거지한 다음 세탁기도 돌리다 보면 프로야구 할 시간이다.

결국, 명함에 주부라고 적었다. 아직은 작가보다는 주부로서 보내는 시간이 많기 때문이다. 주부라는 직업은 생명을 살리는 일이다. 이어령 작가의 말을 읽고 '작가는 글로 말하는 사람이구나'라고 몇 번을 되뇌어 보았다. 그 말이 사실이면 좋겠다고 생각했다. 나는 말하는 데 서툰 사람이니까.

그리고 하나 더. 작가는 집안일을 하는 사람이기도 하다.

빵 사러 온겨?

축구단 대전하나시티즌 팬들이

응원석에서 펼친 현수막 문구

2023년 4월 16일. 대전월드컵경기장이 꽉 들어차 월드컵 축구 경기를 방불케 했다. 개막 이후 6연승을 달리며 1위에 올라 있던 무패의 울산현대는 모두의 예상을 뒤엎고 대전하나에 1:2로 패하고 만다. 종료 휘슬이 울리자, 대전 서포터즈들은 문구가 쓰인 현수막을 펼쳐 흔들었다.

"승점 빵 사러 온겨?"

울산현대 팬들을 향한 말이었다. 울산 팬들의 반응은 어땠을까? 실제로 울산 팬들의 손에는 성심당 빵 봉투가 들려 있었다. 한 울산 팬은 "깜빡하고 있었는데 현수막을 보고 빵 사는 걸 잊지 않을 수 있었다"고 했으며, "사실이기 때문에 기분이 나쁘지 않았다"는 말까지 덧붙였다. 승점 빵점이 된 것도 맞고 빵을 산 것도 맞기에 반박이 불가했다는 후문이다.

대전 하면 반사적으로 떠오르는 그 이름 성심당. 대전이 빵의 도시가 된 이유는 성심당 때문이다. 오죽하면 '성심당 가서 대전 구경'하고 온다는 말까지 생겼을까. 나 또한 서울에서 기차를 타고 대구나 부산 출장이나 여행을 가게 되면 굳이 대전역에서 환승을 했다. 이유야 물론 대전역에 있는 성심당에 들러 빵을 사기 위함이다.

성심당의 튀김소보로야 따로 설명할 필요도 없지만 대전 맛집이 성심당만 있을 리 없다. 난 파와 고기가 왕창 들어간 명랑식당의 파개장과 양은냄비에 시뻘겋게 담아 나오는 광천식당의 두부두루치기를 특히 좋아한다. 소주를 참을 수 없는 음식들.

기다리던 반굉일
반굉일이 다가올수록

조동진, 「반굉일」, 『또 봄은 오는데』

(띠앗, 2019)

공일은 쉬는 날이다. 오전만 일하는 날은 반공일, 충청도에서는 반굉일이라 부른다. 주 5일 근무제가 도입되기 전, 토요일을 뜻하는 말이기도 했다. 많은 이들이 토요일이 오기만을 학수고대했고 그 바람은 어릴수록 간절했다. 20대의 대부분을 숙식을 제공하는 공장에서 일했던 나도 개중 하나였다. 공장에서는 토요일도 기본 4시간 근무에 잔업 4시간을 더해 8시간을 일해야 했다. 잔업을 '째고' 나올 땐 동료 작업자들의 시선이 느껴져 뒤통수가 따가웠다. ……지만, 회사 정문을 나서면 그런 건 금세 잊었다.

주말마다 세상의 마지막 날이기라도 한 것처럼 놀았다. 갓 어른된 마음에 담배도 피워 보고 커피도 마셔 보고 소주도 마셔 보고 경마도 해 보았다. 여태 하면 안 된다고 했던 것들을 해도 된다는 것이 너무 신기하고 즐거웠다. 밤을 새워서 놀다 보면 순식간에 이틀이 지나간다. 주말을 온통 취한 채로 보낸 터라 월요일 아침에 출근할 때까지 술 냄새가 가시질 않는다. 주말에 충전은커녕 완전히 망가진 채로 돌아와 월요일을 맞이한다. 오히려 내겐 11시간씩 중노동을 하던 평일이 휴식일이었던 셈이다. (그렇게 망가진 몸은 절대 복구되지 않는다. 난 지금 책상다리도 할 수 없다.)

모두가 토요일을 고대했다. 토요일을 즐기고 싶어 하는 젊은이들의 마음을 대변한 노래가 엄청 많다. 벅스뮤직에 '토요일 밤에'를 검색하면 600개가 넘는 결과물이 나온다. 하지만 나이를 먹으니 주말이 와도 전처럼 설레지 않는다. 하물며 하루를 더 쉬게 해 주는데도 그렇다. 다 해 봤던 것이고 안 해 봤어도 어떤 기분인지 대충 예상이 된다.

사람마다 다르다고는 하지만 노는 것도 때가 있는 듯하다. 노세 노세 젊어서 노세.

"이때 안 찍으면 언제 찍는댜."

미야가와 사토시, 『엄마가 돌아가셨을 때 그 유골을 먹고 싶었다』 (장민주 옮김, 흐름출판, 2020)

이 책은 일본 만화가가 엄마와의 일상을 추억하며 그린 만화다. 번역은 충청 사투리로 되어 있다.

부모, 특히 엄마에 대한 특정 세대의 감정 중 일부는 지역을 초월하여 동일하다고 느낄 때가 있다. 나라가 다르다고 해도 말이다. 이를테면 자식이 당신을 위해 먹을 걸 사 오면 "이런 건 얼마씩 하는겨?"라고 묻는다거나 좋은 음식이 있으면 자신은 안 먹더라도 자식을 위해 남겨 놓는다거나, 짜장면이 싫다고 말씀하신다든가.

그럼에도 이 만화 속 어머니는 영정 사진만은 미루지 않으셨다. 이때 안 찍으면 언제 찍느냐며. 사진관에 다녀온 후에는 초상화도 남겨 두었다. 그때가 영정 사진을 남겨야 할 때라는 사실을 깨닫기라도 한 것처럼. 없는 형편에 돈도 들었을 터다.

우리 엄마도 평생 호강 한 번 못 하고 돌아가셨다. 호강이 다 뭔가. 뭣 하나 자신을 위해 사 먹는 모습을 본 기억이 없다. 늘 나중에, 다음에, 미루다가……. 다음은 결코 오지 않았다. 초상화 값으로 가장 좋아하는 음식이라도 사 먹었으면 좀 나았을 듯하다. 서글프게도 나는 엄마가 어떤 음식을 가장 좋아했는지 모른다. 엄마는 재능이 많은 사람이었지만 재능의 봉오리는 피지도 못하고 졌다.

이 만화 주인공의 어머니는 내가 기억하는 우리 엄마의 모습이 아닐까 싶을 정도로 많은 동질감이 느껴진다. 작가의 나이가 나와 비슷해서 그런지도 모르겠다. 섣부른 판단이지만 엄마가 10년만 늦게 태어났어도 많이 달라졌을 거라 생각한다. 조금은 더 자신을 위해 즐기는 삶을 살지 않았을까.

이 집 개가 워디서 나타났는지,
그냥 그 꼬리에다가, 온몸에다가 그 아래논
물엔가 어디에 가서 물을 축여다가 불을
끄고 하엿든 주인 있는 데는 다 끄고 또 가서
축여다가 끄고 불을 다 껐다는겨.

인권환, 『한국구비문학대계 4-1: 충청남도
당진군편』(한국정신문화연구원, 1980)

옛날 충남에는 개가 주인의 목숨을 구했다는 이야기가 전해진다. 주인이 산에서 술 마시고 잠들었는데, 산에 불이 난다. 놀라 달려온 개가 주인을 위해 주변의 불을 끄고는 결국 죽었다는 이야기다. 홍성의 역재방죽공원에 의견비義犬碑가 있는데, 이 설화 속의 개를 기념하기 위해 세워진 것이다.

 이 이야기가 아니더라도 개가 주인의 목숨을 구했다는 소식은 끊이질 않는다. 재난 현장에서 수십 명의 목숨을 구한 개는 한둘이 아니다. 세계 각국에서 일어나는 재해에는 반드시 구조견이 투입되기 때문이다. 멕시코 대지진 때는 폐허 속에서 52명의 생존자를 찾아낸 개 프리다가 있었다. 2023년에는 튀르키예 대지진 현장에 우리나라에서 파견된 토백이가 발에 붕대를 감은 채 구조 작업을 계속해 많은 이들이 안타까워했다.

 2022년에는 뇌졸중으로 주인이 쓰러지자, 크게 짖어 주인의 목숨을 구한 복순이가 있었다. 이후 복순이는 누군가에 학대를 당해 심하게 신체가 훼손되었으나, 견주는 복순이를 치료하지 않고 보신탕집에 넘겨 결국 복순이를 죽게 만들었다는 뉴스가 공분을 샀다. 개는 주인이 발로 차도 다시 오라고 하면 꼬리를 흔들면서 다가온다. 주인에 대한 그들의 맹목적인 믿음은 이해할 수가 없을 정도다. 사람의 목숨을 살린 개들의 소식은 앞으로도 계속 이어질 것이다.

 이런 기사들에는 노래 후렴구처럼 사람보다 개가 낫다는 댓글이 달리기 마련이다. 하지만 그런 일이 없다고 쳐도 사람이 개보다 낫기는 한지 의문이다. 많은 개가 사람의 필요에 의해 공장에서 생산되는 제품처럼 번식장에서 태어나 사람을 위해 살다 버려지는 걸 생각하면 말이다.

호서어품湖西語品은 외식外飾이 다多고

「언어가정言語可警」, 『황성신문』, 1900년 10월 9일 자백여 년 전 『황성신문』이 지역별 말투의 특징에 관해 썼다. 서울대 정승철 교수는 이 기사를 인용해 "경기도 말씨는 새초롬하고, 강원도 말씨는 순박하며, 경상도 말씨는 씩씩하다. 충청도 말씨는 정중하며, 전라도 말씨는 맛깔스럽다. 황해도 말씨는 재치 있고, 평안도 말씨는 강인하며, 함경도 말씨는 묵직하다는 인상을 준다"라고 해석했다. 원문을 찾아보니 한자가 반이 넘는 데다, 한글의 모양도 지금과는 달라 한눈에 들어오지 않지만 꾸역꾸역 해석해 본다.

"圻內語品(기내어품)은 賤俗(천속)하고"

圻는 경기도 '기'이므로 圻內(기내)는 경기도 안이라는 뜻이다. 賤俗(천속)은 말 그대로 천하고 속되다는 뜻이다. 풀어 쓰면 경기도 말은 '품격이 낮고 천하다'가 될 터다. 정승철 교수는 이를 새초롬하다고 표현했는데 '천속함'과 '새초롬'의 간극이 매우 크다 보니 고개를 갸웃거리게 만든다. 당시 천속이라는 말 뜻은 달랐는지도 모르겠다. '깍쟁이 같다'는 표현이 글쓴이의 생각에 좀 더 가깝지 않을까.

"湖西語品(호서어품)은 外飾(외식)이 多(다)고"

湖西(호서)는 충청도 지역을 뜻한다. 外飾(외식)은 '겉만 보기 좋게 꾸미어 드러냄'이라는 뜻이다. 충청도는 말을 좋게 꾸민다는 뜻이다. 빙 돌려 말하는 충청도의 특징은 전부터 있었던 모양이다. 이도 '정중하다'고 표현한 걸 보면 정승철 교수는 모진 성품은 아닌 듯하다.

語品(어품)은 현재 사전에 나오지 않는 말이다. 나는 어품이 그 지역의 '방언+사람의 품성' 아닐까 하는 결론을 내렸다.

"아새끼가 싸가지가 읎슈", "공부 참 오지게 못혀"처럼 충청도 방언으로도 얼마든지 직설적으로 말할 수 있다. 하지만 품성이 그렇지 않은 충청인은 우회적 표현을 쓴다.

"구뎅이를 파라."
고, 구뎅이를 파라고는 잘 안장을 시켜주고는,
모이를 쓰고서는 그 모인 마당 앞에서 그냥
총으로 전부 학살시켜버렸어.

박종익, 「원혼의 원수를 갚아 준 중대장」,
『한국구전설화집 1』(민속원, 2000)

구전 설화는 수도 없이 많다. 개중 청주에서는 「원혼의 원수를 갚아 준 중대장」이라는 설화가 전해진다. 내용은 이렇다. 6.25 전쟁 때, 한 국군 중대장이 부대를 이끌고 북진을 하다가 영동의 한 기와집에서 묵게 된다. 중대장이 잠이 들었을 때, 꿈에서 가슴에 칼이 박힌 청년이 나타나 '자신을 죽인 공산당 8명이 있으니 원수를 갚아 달라'는 말을 하면서 그 8명의 이름을 알려 준다. 깜짝 놀라 잠이 깬 중대장은 청년의 시신을 찾아 묘를 만들어 주고는, 청년이 말한 8명을 찾아내 사살하여 청년의 원수를 갚았다는 이야기다.

누군가는 그 중대장이 말 그대로 청년의 원수를 갚은 의로운 군인이라 할 수도 있겠다. 그러나 조금만 깊게 생각해도 실로 무서운 이야기가 아닐 수 없다. '청년의 말'만 걷어 내면 분대장의 만행이 드러난다. 분대장은 귀신의 말만 믿고 그 어떤 증거나 재판도 없이 사람 8명을 즉결 처분한 것이다. 전쟁 시 수많은 시민들이 즉결 처분이라는 부당한 이름 아래 목숨을 달리했다.

정말 섬뜩한 사실은 이 이야기를 전한 청주시 봉명동의 이용각 할아버지가 "이건 실제 얘긴데……"라며 운을 띄웠다는 것이다.

**내가 딸이 사형제 있었는디 딸이 하나 서울
가서 식모살이 허다가 연탄까스 땜이 죽었어.
그걸로 딸을 하나 잃었는디, 그 기분이
상당히 나쁘더라고.**

서영옥 구술, 박미아 편집, 『옛날엔 날 사공이라고 혔지』 (뿌리깊은나무, 1990)

태초에 아궁이가 있었다. 우리 집은 거기에 장작을 쑤셔 넣고 태워 구들장을 달구어서 난방을 했다. 그러던 중 국민학교 2학년인가, 아궁이를 들어내고 연탄보일러를 설치했다. 집에 원체 빈틈이 많았기에 연탄가스가 수시로 방 안으로 새어 들어왔다. 연탄가스를 들이마셔서 종일 토한 기억도 있다. 그럼에도 내가 죽지 않은 이유는 아버지가 방문에 구멍을 뚫고 환풍기를 설치해 안방에 찬 담배 연기를 밖으로 내보내는 골초였기 때문이다.

어릴 적, 식모살이를 하는 이를 한 번도 본 적이 없다. 고향 사람들이 정치적으로 올바라서가 아니다. 우리는 식모를 고용하는 쪽이 아니라 공급하는 쪽에 속하는 사람들이었기 때문이다. 식모는 파출부나 가정부라는 단어보다도 전근대적 색채가 훨씬 강하다. 파출부는 출퇴근을 하지만 식모는 그 집에서 먹고 자면서 일하는 사람으로, 현대판 하녀라고 보면 이해가 빠를 터다.

『경향신문』에 따르면 "서울에서는 (……) 상류층 가정에 대부분 식모가 있었고, 중류층의 식모 고용률도 85퍼센트를 넘었다. 1970년대 초에는 서울 전체 가구의 31.4퍼센트가 식모를 두고 있다는 조사 결과가 나오기도 했다"고 한다.● 1960년대 후반에서 1970년대에 지어진 아파트는 식모방이 따로 있었다. 먹여 주고 재워 준다는 이들의 명분 아래 식모는 거의 무료로 무한의 노동력을 제공했다.

태안의 흑도에서 태어난 서영옥 할아버지의 사정도 마찬가지였던 모양이다. 딸들을 낳았는데, 형편이 넉넉지 못해 빨리 출가를 시켰다. 막내딸 옥경이는 1977년 서울에서 식모살이를 하다가 가스중독으로 생을 마감한다. "그 기분이 상당히 나쁘더라고." 그 한마디에서 무저갱의 끝까지 닿는 슬픔과 허망함을 느낀다.

● 「그때 그 시절 우리 자화상, 시대의 산물 '삼순이들'」, 『경향신문』(2019년 9월 6일 자)

"(……) 애덜 불쌍혀 참아감서 살았는디
나중에는 애덜이 대드니께 지 새끼들까지
때리구. 그래서 십 년 살구 헤어졌어유."
"지금은 편하시죠?"
"편하구 말구유."

신재영, 『편의점 재영씨』

(에쎄, 2023)

부부가 이혼하거나 사별한 후에 둘의 행복지수 변화는 어떠한 차이가 있을까? 『조선일보』 이경은 기자는 「남편 잃은 女 vs 아내 잃은 男… 행복지수 차이 있었다」(2023년 1월 19일 자)라는 기사에서 일본의 사회평론가 스기타 슌스케의 말을 빌려 "남성은 삶에 의욕을 잃고 행복지수도 크게 떨어지는 반면, 여성은 남편이 떠나고 난 뒤에도 크게 행복감이 떨어지지 않는다"고 했다. 이 기자는 「아내가 먼저 떠나고 나니… 사별한 6070 남성에게 닥친 현실」(2023년 9월 12일 자)이라는 제목의 다른 기사에서 심리학 전문가 사토 신이치의 말을 빌려 "남편과 사별한 여성은 곧장 슬픔을 이겨 내고 제2의 인생을 맞이한 듯 당당하게 삶을 이어가곤 하죠. 하지만 아내에게 의지를 많이 하면서 살아왔던 남편은 사별 직후 우울증에 빠집니다"라고 했다. 황혼이혼 후 남자의 정신건강은 악화되고 여성은 좋아진다는 연구 결과도 많다.

남성들은 이혼이나 사별로 아내를 떠나보내면 불행해지는 경우가 많다고 할 수 있다. 그렇기에 아내가 이혼을 요구해도 합의해 주지 않는 경우가 많다. 그런데, 특정 조건에서는 정반대의 상황이 벌어진다. 『중앙일보』 신성식 기자는 「더 서러운 여성 암환자… 아내가 남편 수발 97퍼센트, 남편이 아내 간병 28퍼센트」(2014년 4월 14일 자)라는 제목의 기사를 썼다. YTN은 같은 날 「여성 암환자 이혼율, 남성 암환자의 4배」(2014년 4월 14일 자)라는 제목의 기사를 냈다. 제목이 곧 내용이다.

왜 배우자를 떠나보냈을 때 남녀의 행복지수 그래프가 정반대로 갈라지는지 설명할 필요도 없을 터다. 남편의 불행은 때릴 사람, 밥 차려 주는 사람, 집 청소해 주는 사람이 없어져서 오는 게 아닐까.

**엄니, 또 죽이여유, 죽?
정말 죽여주네유**

김흥수, 「죽타령」, 『충청도 사설』

(청사靑史, 1986)

『충청도 사설』은 6.25전쟁 즈음 태어난 사람이 당시의 세상을 묘사한 (듯 느껴지는) 시집이다. 먹을 게 없다 보니 죽을 먹던 시절이 있었다고 한다. 박정희 정부가 통일벼를 보급해 쌀 자급에 100퍼센트 성공한 때는 1976년이다. 김홍수 작가와 같은 해인 1953년에 태어난 정치인 홍준표는 중학교 때 도시락을 싸 가지 못해 수돗물로 배를 채웠다고 한다. 유명인이 아니더라도 당시 배를 곯았던 사람들의 이야기는 쉽게 전해 들을 수 있다. 당시 많은 이들이 쌀이 부족해 밥에 물을 타고 거기에 옥수수나 수제비, 시래기를 넣고 끓여 고픈 배를 달랬던 것이다.

2024년 현재, 대한민국에서는 굶어 죽는 사람이 1년에 50명도 채 안 되니 로또 1등 당첨자들보다 더 적은 셈이다. 그나마도 정말 먹을 게 없어 사망하는 경우보다는 스스로 곡기를 끊는 경우가 대부분이라고 한다.

그러는 요즘, 나는 다시 죽을 먹는다. 죽을 포함해 하루 두 끼 이상은 먹지 않는다. 아예 아무것도 먹지 않는 날도 있다. 물론 쌀이 부족해서가 아니다. 여태 너무 아무거나, 많이, 무분별하게 먹었기 때문이다. 굶어 죽을 확률은 없지만 식생활을 개선하지 않으면 성인병으로 죽을 확률이 올라가고 있다. 체중은 세 자릿수에 달하고 콜레스테롤 수치는 정상치를 벗어난 지 오래다. 내장이 쉴 시간이 필요했다.

죽을 선택할 수 있다는 사실은 축복임이 분명하다. 물론 죽음을 선택할 수도 있다. 그러나, 여전히 지구상에는 엄청나게 많은 사람이 여전히 굶주리고 있다. 이러고 '자빠져' 있는 게 기만처럼 느껴진다.

멍하니 바라만 보는
서산사투리

김순일, 「서산사투리 22」, 『瑞山사투리』

(혜진서관, 1986)

김순일의 시집 『서산사투리』는 100개의 시로 이루어져 있는데, 제목은 모두 '서산사투리'이고 끝에 1부터 100이 붙어 있다.

'서산사투리'라는 제목으로만 시 100개를 썼다라……. 충청도 사투리가 얼마나 오지게 들어갔을지 기대할 수밖에 없다. 그런데 웬걸, 이 시에 들어간 충청도 사투리는 1퍼센트나 될까. 그나마 단어나 인용 정도다. 오히려 서울 사람이 썼다고 느껴질 정도로 '~했어요', '~습니다'같은 표현이 많이 나온다.

굳이 사투리를 안 쓰려고 노력하지 않고서야 이러기는 힘들 터. 읽다 보면 어떤 지점에서 이 시들은 서산 사투리에 대한 내용이 아니라는 사실을 깨닫는다. 시인 자신이 서산 사투리 그 자체다.

> 더욱 느리고
> 멍청한 사투리로
> 남아 있어야 합니다
> ―「서산사투리 28」

작가는 '서산에 도회지 사람들이 오면서 인심이 변하고, 바다도 산도 논밭도 서울 사람들 것이 되어 가고 있다'며 한탄했다. 이 책은 40년 전에 쓰였다. 40년이면 강산이 몇 번이 바뀔 세월. 지금의 서산 땅은 그의 생각과 어떻게 달라졌을까.

현재 여든이 넘은 김순일은 『서산신문』과의 인터뷰에서 "지금도 느리고 멍청한 서산 사람들의 삶을 담아내는 시를 계속 쓰며 살아가고 있다"고 말했다.

왜 서산 사람들을 "느리고 멍청하다"고 할까. 당사자가 아니면 쓸 수 없는 말이다. 공교롭게도 40년 전이나 지금이나 같은 표현을 쓰는 걸 보면 그의 생각은 크게 바뀌지 않은 듯하다.

힘 내세유
내 우주시여
2000. 1. 7 세브란스 병원에서

김동원, 「어머이 세월」, 『추억의 강』

(타임비, 2012)

주머니 속의 삐삐가 울렸을 때, 나는 조치원행 비둘기호 안에서 파이어하우스의 노래를 듣고 있었다. 삐삐를 확인하는 순간 다른 차원의 세상이 열린다는 사실을 알고 있었기에 나는 삐삐를 꺼내 확인하지 않았다. 음악의 볼륨을 최대로 올리자 C.J. 스네어가 그대의 눈을 바라볼 때 영원함을 느낀다며 부르짖었다. 나는 아직 현실을 맞이할 준비가 되지 않았으므로.

집에 도착하자 엄마가 나를 보고 말했다.

"아가, 기도하자."

옆에는 숨을 쉬지 않는 아버지가 누워 있었다. 나는 되물었다.

"왜?"

몇 년 후, 엄마는 빈센트병원 중환자실에 누워 있었다. 엄마가 눈을 감고 있었기에 눈을 볼 수는 없었다. 엄마는 이렇게 말없이 갈 사람이 아니었다. 아버지가 돌아가셨을 때, 우리를 이렇게 불행하도록 내팽개친 예수를 원망하고 저주했지만, 엄마가 숨을 멈췄던 그 순간 그를 다시 찾을 수밖에 없었다.

"예수님, 엄마를 살려 내라고."

의사가 어느새 내 옆에 서 있었다. 침대 주변으로는 커튼이 둘러 있었다. 돌덩이 같은 침묵이 커튼 안에 들어찼다. 눈을 질끈 감았다. 그때 피식하며 공기가 새어 나가는 소리가 들렸다.

"아가, 내가 잠깐 졸았나 보다."

엄마가 말했다.

처음으로 신에게 감사한 날이다.

"댁의 토끼도 무탈하구유? 가만있자,
고 녀석 이름이······."

은모든, 『선물이 있어』

(열린책들, 2022)

대화에 서툰 나는 유튜브 검색창에 '대화를 자연스럽게 하는 법' 같은 걸 넣고 검색하는 삶을 이어가다가, 같이 사는 개의 예방 접종일이 도래하여 개를 데리고 동물병원을 갔다.

"애가 참 착하고 힘이 세요."

병원 가면 늘상 듣는 소리다.

"산책할 때마다 죽을 거 같아요."

사실 개한테 끌려가서 차에 치일 뻔했지만, 착하다는 말을 취소할까 싶어 그 말은 하지 않았다.

"별 문제 없고 튼튼해요. 달심이는 잘 있나요?"

달심이는 막내 고양이 이름이다.

"아이고 말해 뭣해요. 아주 그냥 둔둔해 가지고는……."

길가에 버려진 주먹보다 작은 달심이를 데려왔던 일, 다른 길고양이 출신인 달총이가 달심이를 자기 딸처럼 보살펴 줬던 일, 달심이가 사람 음식 중에는 만두를 유독 좋아해서 수십 개의 비비고 왕만두를 터뜨린 일 등을 이야기하다 보니 30분이 흘러있었다. 누군가 다른 동물을 안고 오기 전까지.

사람들과 만난 후에 이불이나 패던 나는 요령 하나를 깨닫는다. 상대방의 반려동물 안부를 물으면 서로 즐거운 대화가 가능하구나 하고.

**여보세유? 아 거그 하숙집이쥬?
저 권영호 학상 좀 바꿔 주세유.**

최규석, 『100℃』

(창비, 2017)

2023년 서울, 소주 한 병에 7천 원을 받는 해장국집이 등장했다. 해장국과 소주 가격을 1년에 두 번이나 인상을 해 버리는, 선을 넘어도 오지게 넘는 일이 벌어지고 있다. 말 그대로 물가가 미친 것이다.

하숙집이 다시 뜬다는 이야기가 들린다. 전기료나 난방비, 그리고 밥값이 포함되는 하숙비가 원룸에서 월세로 사는 것보다 저렴하기 때문이다. 서울 안에 있는 대학교 근처 하숙집의 밥값은 4천 원 안쪽으로, 외식할 때 1만 원 정도 하는 것에 비하면 반값도 안 되는 수준이다.

난 한 번도 하숙을 해 본 적이 없어서 하숙에 대한 어떤 환상, 혹은 선입견이 있다. 하숙 생활을 드라마로 배웠기 때문이다. 대표적인 예로는 '응답하라 시리즈'가 있는데, 라떼는 『사랑이 꽃피는 나무』라는 드라마가 인기였다. 두 드라마 모두 20세기 말이 배경. 공통된 특징이 하숙집 주인 가족과 하숙생들 사이가 화기애애하다 못해 가족이나 다름없다는 사실이다. 피붙이들과도 살갑게 지낸 적이 없던 나로서는 그야말로 비현실적인 서사였다. 하지만 드라마에서처럼 부처님 같은 하숙집 주인과 최택(박보검 분)처럼 성격 좋은 룸메이트들만 있는 하숙집이라면?

그래도 안 된다. 오은영 박사가 와도 안 된다. 그들이 문제가 아니고 내가 문제이기 때문이다. 나로 하여금 피해를 입을 그들이 걱정돼서다. 누가 나를 견딜 수 있겠는가? 하숙집의 평화를 위해 나는 아무리 물가가 비싸더라도 하숙집은 피할 것이다. 밥은 원래 안 먹고 살았다. 1년 전까지 집에 밥솥과 쌀 없이 살았다. 성격이 좋을 리 없다. 난 이상한 놈이다. 내가 문제다.

"여기 사는 사람들이 원체 까다롭게 굴어서유.
뭔 자기들이 귀족이라도 되는 것 같어유."

신도현, 『여의도 전쟁 판』

(형설출판사, 2012)

나는 환경미화원이 되고 싶었다. 말로 하는 건 자신 없고 몸으로 하는 건 자신 있었기 때문이다. 지자체에서 모집하는 환경미화원 시험에 응시한 적이 있다. 달리기, 물건 들어올리기, 손아귀 힘 측정 등 전부 만점을 받았다. 가장 큰 난관은 '리어카 끌고 장애물 피해 달리기'였는데, 지그재그로 놓인 콘을 넘어뜨리지 않고 정해진 시간 안에 정해진 거리를 통과하는 테스트였다. 우사인 볼트가 와도 연습 없이는 만점이 불가능(장담한다)한 극악의 난도였다. 나는 고철상 아저씨에게 빌린 리어카로 피나는 연습을 하여 이조차도 우수한 점수를 받는다. 그럼에도 낙방의 고배를 마셨다. 다자녀가구, 국가유공자, 해당 지역 장기거주자 등에게 부여하는 가점에 비해 체력 시험 만점과 최하점의 차이가 크지 않았기 때문이다. 이후에도 시험에 몇 번을 도전해 이윽고 개별 면접까지 보게 된다. 대기하는 지원자 수십 명 중 양복을 입고 온 이가 나 포함 둘뿐이었다는 사실이 기억에 남는다. '면접 복장 = 정장'이라는 공식을 믿고 있는 나는 합격을 확신했다. 그러나 정장 때문일까? 결국 최종 관문을 넘지 못해 떨어지고 말았다.

회사 동료 하나가 '왜 그런 걸 하느냐'고 물었을 때 멍했다. 나는 회사 일보다 환경미화가 훨씬 가치 있다고 생각했고 지금도 그 생각은 변함이 없다.

옆의 대사는 소설 속 강남의 한 아파트 경비원이 한 말이다. 아파트 경비원과 미화원이 주민의 갑질에 스스로 목숨을 끊었다는 기사가 나온다. 한 정치인은 "18년 근무한 환경미화원의 연봉이 6500만 원이나 된다", "신의 직장이다"라고 말하기도 했다. 최근 5년간 사고로 숨진 환경미화원은 280여 명, 부상당한 미화원은 3만 명이 넘는다. 신의 직장이 왜 이런지 모르겠다.

그럴수록 경비, 청소 노동자를 평가한 그들의 바닥만 드러날 뿐이다.

"그 뭐여, 호돌이 아부지는 이거 잡아서
자동차 샀댜아."

허영만, 『식객, 팔도를 간다: 충청편』

(김영사, 2012)

식객에서는 괴산 주민들이 하천에서 올갱이를 잡는 장면이 나온다. 아, 충청남도 금산에서는 다슬기를 고뎅이라고 부르지만 충청북도 괴산에서는 올갱이라고 부른다. 충청도 안에서도 이렇게 다르다.

다슬기를 잡아서 자동차를 사려면 얼마나 잡아야 할까.

난 아욱국을 좋아한다. 아욱이 싸기도 하고 맛도 있기 때문이다. 여기에 건새우 대신 다슬기를 넣으면 다슬기해장국이 된다. 요즘은 세상이 좋아져서 깐 다슬기도 따로 판다. 한 번쯤 해먹을 가치는 있다. 다슬기가 만들어 낸 특유의 쌉싸름함이 입안 가득 퍼진다. 여기에 부추를 곁들이면 맛과 향이 한층 더 풍부해진다. 마음에 드셨습니까? 딩동, 당신은 다슬기해장국에 중독되었네요.

그런데 가격이 문제다. 아욱국은 5천 원이면 한솥을 끓이는 게 가능하지만, 여기에 다슬기가 들어간다면 얘기가 다르다. 국내에서 잡은 다슬기를 깐 제품은 1킬로그램에 4~5만 원 정도 한다. 이걸로 서너 번 끓일 수 있다 쳐도 만만한 가격은 아니다. 사 먹자.

다슬기해장국은 충청도 어딜 가나 먹을 수 있지만, 정말 맛있는 다슬기해장국은 괴산이 유명하다. 괴산에는 '올갱이국거리'가 있을 정도다. 괴산 가면 올갱이해장국을 떠올려 보자. 떠올려 보기만 하자.

어차피 사 먹지 않고는 못 버티겠지만.

"이래 봬도 대장간 주인이여! 장검 수천 개를
만든 사람이란 말이여."

고우영, 『임꺽정 3』●
(자음과모음, 2004)

고우영 화백의 만화를 워낙 좋아했다. 내 기억 속 고우영 화백은 수백 년 전의 이야기에 시대를 초월한 개그 센스를 입혀 내놓는 천재 작가였다. 고우영의 『임꺽정』은 1972년 『일간스포츠』에 처음으로 연재되기 시작했고, 이후 1994년에 단행본으로 엮여 나왔다. 후에 고우영은 2004년 복간된 단행본 머리말에서, 초판을 출간할 당시엔 원래 대화의 사투리를 모두 서울말로 고쳐 써야 했다고 고백한다.

실제로 1994년 宇石(우석) 출판사에서 펴낸 단행본의 같은 장면에서 박껑달의 대사는 "이래 봬도 대장간 주인이야! 장검 수천 개를 만든 사람이란 말이야"로 바뀌어 있다. 아 다르고 어 다르다. 음절 한두 개만 바꾸어도 전혀 다른 느낌으로 와닿기 마련. 수많은 대사와 장면이 이런 식으로 검열당했으니 작가 자신은 얼마나 참담했을까. 사투리를 서울말로 바꾸어야 한다는 발상은 그 본류가 어디인지 궁금해 미칠 지경이다. 표준어도 결국 서울 방언, 즉 서울 사투리를 토대로 정한 것 아니던가.

한편, 박껑달의 고향은 전라북도 정읍 출신이라 나온다. '이래 봬도 대장간 주인이랑게'라 말하지 않은 것이 의외인데, 아마도 충청도와 인접 지역이라 혼용하였으리라 판단된다. 서남 방언과 충청 방언은 실제로 꽤 많은 부분을 공유하고 있다. 제천에서 강원도 방언을 섞어 쓰는 것과 마찬가지이다.

고우영의 복간된 『임꺽정』은 사투리의 맛을 살려 생동감이 넘친다. 오히려, 원작인 홍명희의 『林巨正』에서는 등장인물 간 대화 속 종결어미에 사투리가 거의 쓰이지 않는다고 느껴진다. 팔도의 인물이 다 등장하는 소설인 데다 홍명희의 고향이 충북 괴산임을 생각하면 흥미로운 일이다.

●심의 때문에 삭제하거나 수정한 장면들을 복원한 복간본.

타슈

대전 공공자전거 이름

많은 지자체가 공공자전거를 운영하고 있다. 서울 공공자전거 이름은 '따릉이'다. 지방은 어떨까. 부산에는 '타반나', 광주에는 '타랑께', 대전에는 '타슈'가 있다. 공공자전거 이름을 각 지역 방언으로 지어 정감 있게 느껴진다.

그러나 대부분의 공공자전거는 적자로 운영되고 있다. 말 그대로 '공공'이고 세금으로 운영되는 사업이다 보니 그렇다. 이용객이 점차 줄면 공공자전거 사업은 종료될 수밖에 없다. 이 틈을 사기업의 공유킥보드가 채워 나간다. 전동킥보드가 더 빠르고 편리하니 아무 문제가 없다고 생각할 수도 있다. 하지만 킥보드의 편리함 이면에는 안전사고의 위험이 도사리고 있다. 가끔 킥보드를 끼운 채 하체에서 불꽃을 일으키며 달리는 차를 본다. 도로 한복판에 널브러진 킥보드가 주행 중인 차 아래로 빨려 들어갔기 때문이다. 킥보드는 인도는 물론, 차도 한가운데에도 있다. 심지어 산 중턱에 아무렇게나 팽개쳐 있기도 하다. 달의 뒷면에도 킥보드 두세 개쯤은 있을 것이다. 공유킥보드 업체는 아무런 안전 비용도 지불하지 않은 채 공공인프라를 이용해 돈을 번다. 서울대병원에서 만난 의사는 최근 몇 년 사이 턱골절 환자가 엄청나게 늘었는데, 그 이유가 킥보드 사고 때문이라고 했다.

이런 상황에서 대전의 '타슈'는 공공자전거의 모범이라 할 수 있다. 대전교통공사에 따르면 2023년 상반기 타슈 이용 건수는 216만 건으로 2년 전 동기 대비 8.7배 늘어났다. 전국 1위. 어떻게 이럴까. 우선 대전의 지형적 특징을 들 수 있다. 대전은 월평공원을 제외하면 모조리 평지다. 자전거를 타기 최적의 조건이다. 대전시가 타슈의 대여 방식과 안전 장치를 개선하는 등 타슈 안착에 적극적인 것도 큰 이유다.

자전거만큼 환경을 해치지 않는 이동 수단도 없다.

"(……) 자꾸 우리 동네 애들한테 욕하니께
승질난다고 깡통을 볏단에 던졌어."
(……)
"잘혔어."

박경희, 『꽃 피는 것들은 죄다 년이여』

(서랍의날씨, 2014)

뒷집의 볏단이 불에 탄 모양이었다. 아들의 말을 들은 어머니의 대답에서는 그다지 놀라움이 느껴지지 않는다.

예부터 전해져 오는 쥐불놀이라 하는 민속놀이가 있다. 정월 대보름에 논둑과 밭둑에 불을 놓아 농사를 망치는 곤충의 알과 번데기를 태운다. 잡초가 타고 남긴 재는 논밭의 거름이 되었다. 그랬기에 그 놀이는 그해 농사를 짓는 데 유익했다.

……고 하는데, 20세기 말에 내가 즐겼던 쥐불놀이가 과연 유익했는지는 의문이다. 이 놀이가 수많은 산을 불태워 없앴기 때문이다. 1997년 2월 23일 자『중앙일보』기사에 따르면 당해 2월 21일 하루에만 쥐불놀이로 1백여 헥타르의 임야가 불에 탔다. 축구장 140개 정도 되는 넓이다. 이는 깡통이라는 신문물의 도입과 무관하지 않다는 것이 나의 추측이다. 한국전쟁 이후 쥐불놀이에 미군들이 갖고 온 양철 깡통을 접목해 불장난의 재미가 배가되었을 터. 구멍을 뚫은 깡통에 숯을 담고 철사에 매달아 돌리면 깡통 속에 신선한 산소가 공급되면서 숯이 시뻘겋게 타오른다. 그때, 닥터 스트레인지가 쓰는 차원 간 포털이 만들어지면서 기분이 좋아진다. 둥근 황금색 포털을 잡은 손을 탁 놓으면 깡통 속 불꽃들이 저 멀리 포물선을 그리면서 날아간다. 쾌감은 절정에 다다른다.

문제는 그 수천 개 불꽃의 행방을 다 파악하기가 불가능하다는 데 있다. 동네엔 불 한 번 나지 않은 산이 없을 정도로 한두 번씩은 홀랑 탔다. 바싹 마른 풀에 불똥이 튀어 번지면 말 그대로 걷잡을 수 없이 타오른다. 아침이면 폐허가 된 산이 시커멓게 드러났고 주민들도 작전에 투입된 특공대처럼 시커먼 얼굴로 허탈한 표정을 지었지만, 누굴 원망하거나 해코지하진 않았다.

지금은 상상도 할 수 없는 일.

"넌 매사에 지는 경우부터 계산하는 버릇이
있는데, 그따위로 마음부터 밑지고 들어가니까
물질의 가난을 면치 못하는 거여."

이문구, 『장한몽』

(책세상, 1995)

암으로 투병하는 환자들에게 신약이 있다며 거액을 가로챈 사기꾼들은 처벌을 받지 않는다. 왜냐하면 피해자들이 이미 사망한 이후이기 때문이다. 문예지에 등단시켜 준다는 제안에 똑같은 책 수백 권을 사거나, 출간 이후 손해가 나면 손실분을 자기 돈으로 메운다는 희한한 조건의 계약서에 사인을 하는 작가도 있다. 절실하면 이성을 쉽게 잃는다.

"안 된다고 생각하믄 안 되는 거여."

공장에서 같이 일하던 형이 사설 경마로 5백만 원 넘게 딴 후 사람들에게 말했다. 태어나서 처음으로 카드 빚을 진 적이 있다. 엄마가 퇴원하던 날이었다. 병원비가 없어서 캐피탈을 '땡겨' 쓸 수밖에 없었다. '된다고 생각해야 된다'는 그 형의 말이 머릿속에서 울렸다. 집에 들어가니 전에는 보이지 않던 예수 초상화가 한눈에 들어왔다. 뭐라도 해야 될 텐데, 생각나는 게 로또뿐이었다. 갑자기 될 것 같다는 확신이 두정골과 전두골 사이 틈새를 파고들어 나를 로또 가게로 향하게 했다. 대출받은 돈 중 병원비를 치르고 남은 돈으로 모두 로또를 샀다.

지금은 말이 안 되지만 당시에는 당연히 당첨될 줄 알았다. 정신을 차리게 한 것은 다음 날 나온 뉴스였다. 누군가 로또에 낙첨된 것을 비관해 스스로 목숨을 끊었다는 내용이었다. 그 순간 내가 믿었던 확신은 또 다른 확신으로 바뀌었다. 내가 안 될 거라는 확신. 내가 산 로또가 당첨됐는지는 굳이 쓸 필요도 없을 것이다. 나는 나의 한심한 짓을 곱씹으며 신에게 씨부렁거렸다.

"예수님, 나한테 왜 그러는규."

그리고 그 이후엔 죽으려던 마음을 완전히 접었다.

머리 긁는 소리에 파리 왱왱거리는
소리까지 보태었다.
(……)
"이것덜아 에미 귀찮게 말어."

이기호, 「이것덜아 에미 귀찮게 말어」,
『아지랑이에 떠밀려 길을 나서네』
(시산맥사, 2023)

1986년에 개봉한 『fly』라는 영화가 있다. 사람이 거대한 파리로 변해 가면서 벌어지는 서사를 진화된 특수 효과를 사용해 고어하게 연출했다. 포스터에 적힌 "미대륙이 공포로 전율했다!"는 문구가 이 영화의 장르를 알려 준다. 그러나 나는 그저 파리가 커졌을 뿐이라고 느꼈던지라 '공포에 전율'할 수가 없었다.

도시에는 파리가 많지 않지만, 시골은 사정이 다르다. 축산 농가 주변의 파리떼만 촬영해도 공포영화 한 편을 거뜬히 만들 수 있다. 돼지를 키우는 집에서 자란 나는 파리에 대한 추억이 각별하다. 재래 화장실에서 볼일을 보고 있노라면 분뇨 속을 빠져나온 파리의 애벌레(구더기)들이 화장실 구멍을 중심으로 방사형으로 뻗어나간 자국이 눈에 들어온다. 그 길을 떠나간 그들은 이미 번데기가 되었거나 되는 중일 것이다. 똥통 아래를 보는 일은 좀 그렇다. 수백 수천의 번들번들한 애벌레가 꿈틀대며 반짝이기 때문이다. 집안의 기둥과 천장에는 락카라도 뿌린 듯 파리 똥들이 새까맣게 도포되어 있다. 자기 전에는 반드시 방문을 닫고 에프킬라를 뿌려야 한다. 숨 쉬는 게 힘들어진 파리들이 우박처럼 방바닥에 떨어지며 후두두둑 소리를 낸다. 바닥에서 웽웽대는 소리가 잦아들 때까지 티브이를 보면서 기다린다. 모든 파리가 바닥에 떨어지면 빗자루로 방을 한 번 싹 쓴다. 이때, 실수로 죽어 가는 파리를 밟지 않도록 조심한다. 쓸어 낸 파리들을 쓰레받기에 담으면 넉넉히 한주먹 정도가 된다. 파리를 쓰레기통에 버린 후 바닥을 걸레로 닦고 이불을 깔면 잘 준비가 끝난다.

요즘도 어딘가에서는 그러고 있을 것이다.

여기까지 쓰고 보니 파리들이 날 보고 공포를 느꼈을지도 모르겠다는 생각도 든다.

**해 저물녘 한때의 굴품한● 시간들이
숨 쉬고 있다**

나태주, 「내가 사랑하는 계절」, 『너와 함께라면 인생도 여행이다』 (열림원, 2019)

11월.

　이 시에서 화자(아마도 나태주 본인일 것이다)가 가장 좋아하는 달은 11월이라고 한다. 나는 중얼거린다.
　"오래 보아야 좋더라고요. 나도 그렇습니다."
　청주에는 플라타너스길이 있다. 청주 IC를 빠져나가면 청주 중심부로 향하는 도롯가를 플라타너스 나무들이 양옆으로 터널처럼 덮고 있다. 이 가로수길은 청주의 명물로, 드라마 『모래시계』에서 박태수(최민수 분, 당시 34세)가 플라타너스길을 홀로 걸어가는 윤혜린(고현정 분, 당시 25세)을 스즈키 오토바이 세 비지에 태우고 지나가는 장면(우우우우~ 하는 러시아 민요 『백학』과 함께)을 찍은 곳으로도 유명하다. 이 길의 나무들은 11월이 되면 부채만 한 크기의 갈색 이파리를 끝없이 떨어뜨린다. 그 속으로 차를 천천히 몰고 들어가면 모든 게 부질없다는 생각이 들어 막걸리나 퍼마시고 싶어진다. 가을의 가로수 터널은 그 어떤 근심도 잠시 내려놓게 하는 힘이 있다.
　청주를 떠난 후에는 11월마다 과천의 국립현대미술관을 찾는다. 미술관 때문이 아니라 미술관으로 향하는 길 때문이다. 비록 낙엽은 플라타너스의 이파리만큼 거대하지 않지만 단풍잎이 우수수 떨어지는 풍경이 볼 만하다. 그렇게 낙엽길을 걷다 굴품해진 채로 미술관에 도착한 나는 미술관 정원에서 맥주를 마시고 오징어를 뜯는다. 멍하니 낙엽을 바라보며.
　그렇게 돼지가 된다.

● '배고프다, 시장하다'라는 뜻의 충청도 방언.

"그래서 헌 바지에 뭐 나오듯 느닷없이
김치 타령 이밥 타령 주접 떠는겨?"

최상규, 『슬프지만 할 수 없어요 안녕 최상규』

(문경, 1994)

헌 바지에 똥이 나온다는 뜻인가, 방귀가 나온다는 뜻인가, 흠…… 하고 있다가 한참 뒤에 그것이 남성의 생식기를 의미한다는 걸 깨달았다. 옆 소설에서 주인공은 선배가 죽은 후 선배의 아내와 대화를 나누던 와중에도 밥 생각이 났음을 부끄러워하며 '헌 바지에 뭐 나오듯'이라는 속담을 썼다. 자신도 모르게 구멍 난 바지 사이로 성기가 나왔다면 엄청 부끄러울 터다.

요즘은 성기 없으면 말이 안 되나 싶을 정도로 성기가 넘쳐난다. 말이고 글이고 가리질 않는다. 망했다는 '좆됐다'고 한다. 그리고 엄청 멋지다는 '좆된다'고 한다.

한번은 버스를 타고 가는데 뒷자리 젊은 친구들이 축구 얘기로 떠들썩했다.

"와, 어제 손흥민 봤냐? 골 아주 좆되더라."

"여차하면 좆될 뻔했는데."

잘된 것도 좆이고 망한 것도 좆이라니…….

좆같은 말을 너무 많이 들어서 이제 좀 지겹다.

다른 표현도 많은데 너무 쉽게 음절 하나로 맞바꾸는 모습이 아쉽다.

그렇게 급하면 어제 오지 그랬슈.

충청 지역 경찰서에서 만든 과속 운전 예방 문구

엊그제 전철을 탈 때 입구에 서 있는 사람을 어깨로 치면서 들어갔다. 사과하려고 봤더니 영어로 통화 중인 백인이었다.

"암 쏘리."

조건반사처럼 이 말이 튀어나왔다. 말을 뱉고 보니, '여긴 한국인데 왜 내가 영어를 쓰나' 하는 생각에 5초 뒤로 다시 시간을 돌려서 우리말로 사과하고 싶었다.

"미안햐."

얼마 전 여성가족부 장관 후보자가 첫 출근을 하면서 기자들에게 "드라마틱하게 엑시트" 하겠다고 해서 대체 이게 무슨 말인가 멍했던 적이 있다. 지자체라고 별다르지 않다. 무슨 의미가 있나 한참 생각해 봐야 하는 슬로건이 수두룩하다.

'your 옥천'(옥천), 'Viva Boryeong'(보령), 'Greensia Naju'(나주), 'Young World'(영월), '드라마틱 철원'(철원)……. 브랜드아파트 이름 같기도 하다. 그렇기에 '아리아리! 정선'(정선), '지붕 없는 미술관 고흥'(고흥)처럼 직관적으로 와닿는 한글 슬로건이 유독 돋보인다.

지자체 포스터는 '고'를 go로, '데이'를 day로, '에'를 愛로 바꿔 쓴 문구로 치장된 지 한참 됐다. '나누GO 나눔愛', '올리GO, 내리GO', '안전하GO, 청렴하DAY' 등등. 2023년 말 한 정치인은 입시생들을 응원한다며 '24 수능기원. 우리 아들, 딸. 수능도, 꿈도 GG하고, 놀(LoL)자~'라고 인쇄된 현수막을 걸어 망신을 샀다. GG는 'Good Game'의 약자지만, 패배를 선언할 때 쓰는 용어다. 꿈은 조지고 게임이나 하자는 말로 받아들이기 딱 좋다.

그냥 한글을 쓰자. 아니면 지역 방언을 쓰든지. 충청도 경찰이 만든 문구는 뭐 하나 나무랄 데가 없다.

"그렇게 급하면 어제 오지 그랬슈."

**오래간만에 여유 피는 9월의 어느 반굉일 션한
멀국에 막걸리 한 사발 옛날이었으믄 갈 텐디**

제1회 충청도 사투리경연대회 대상 수상자

임성춘 씨가 작사한 랩 『흔들리는 꽃들 속에서

께꾹지내가 느껴진 거여』

(『대전일보』, 2020)

요즘은 고생했던 일이나 슬픔마저도 골라서 기억하는 시대 같다. 힘들었던 과거도 잊히는 속도가 너무나 빠르다. 제1회 충청도 사투리경연대회에서 대상을 차지한 임성춘 씨는 코로나 때문에 친구들과 만나지 못해 게국지에 막걸리 한잔 못 하는 안타까움을 랩으로 표현해 슬픔을 자아냈다.

그래, 그런 시절이 있었다. 수많은 작가가 팬데믹에 대한 글을 써서 쏟아 냈다. 나도 썼다. 정의감에 충만한 주인공이 마스크를 쓰지 않은 사람에게 고나리질을 하다못해 카피바라와 외계인에게까지 마스크를 쓰라고 난리 치다가 지구가 쪼개질 위기에 처한다는 내용이다.

겨우 1년 남짓 지났을 뿐인데, 벌써 아득한 옛날일 같다. 그냥 통으로 뚝 사라진 것처럼. 덕분에 그때를 다시 곱씹어 본다.

8도 중에 가장 언어가 좋은 곳은 충청도의 충주이다. 말의 격이 정돈되어 있고 어조가 온아하며, 경성을 능가하는 것이 있다.

혼마 규스케, 『조선잡기』

(최혜주 옮김, 김영사, 2008)

1890년대 조선은 대외적 영향으로 엄청난 변화를 겪는다. 1895년에는 일본인이 경복궁에 침투해 조선의 황후를 넘어뜨린 후 발로 세 번 짓밟고 칼로 찌른다. 그들은 이에 그치지 않고 시신을 숲속에 유기하여 석유를 뿌려 불태웠다. 그다음 해 신변의 위협을 느낀 조선의 왕은 경복궁을 탈출해 러시아 공관으로 피신한다. 이 사건이 을미사변과 아관파천이다.

이 모든 일이 있기 직전, 1893년 봄에는 혼마 규스케라는 일본인이 조선 땅을 밟는다. 이후 조선의 이곳저곳을 정탐하며 기록으로 남긴다. 이를 같은 해 일본의 『니로쿠신보』에 연재하고 책으로 엮었는데 이 책이 『조선잡기』다. 혼마 규스케는 조선을 '일단 바닥에 깔고' 시작한다. 자신의 눈에 낯선 조선 풍습을 '다름'이 아니라 '미개함'과 '천함', '기괴함'으로 표현한다. 이 책은 일본인의 조선 침탈과 조선을 바라보는 인식에 적지 않은 영향을 미쳤다. 『조선잡기』라는 왜곡된 렌즈를 통해 얼마나 많은 이들이 조선을 미개하고 만만한 나라로 보았을까? 이는 몇 년 전까지 일본에서 불티나게 팔렸던 혐한 서적과 별다르지 않다. 이것이야말로 그가 말하던 천한 기질이 아닌가?

그럼에도 그가 비꼬지 않은 부분이 있었으니, 다름 아닌 충주의 말이다. 그렇기에 그 부분이 더욱 눈에 띈다. 가장 언어가 좋은 곳이 충청도 충주라니, 당황스러울 정도다. 그는 뭘 봤을까. 다른 건 하나도 안 궁금하지만 규스케가 느낀 충주 말에 대한 감정만은 궁금하다. 충청도의 격은 당신도 인정하지 않을 수 없었구나 싶어 괜히 우쭐해진다.

한편, 앞서 언급한 『황성신문』의 충청도 말에 대한 평가도 다시 곱씹게 된다.

"털보 오라 그랴."
"뭔 일이에요? 이장님 누구 죽었어?
무슨 큰일이 났다고 그라는겨."

KBS 프로그램 『고향극장』 「두 남자의 멧돼지
소탕작전」(2013)에서

평화로운 벌랏마을에 멧돼지가 나타나 농작물을 망치고 있다. 벌랏마을 이장님은 사태가 심각하게 돌아가자 '털보' 김대현 씨(57세)를 부른다.

많은 롤플레잉 게임에는 '데미지 딜러', '탱커', '힐러'가 등장한다. 딜러는 상대에게 타격을 가하는 역할, 탱커는 적의 공격을 막는 역할, 힐러는 딜러와 탱커를 치료하는 역할을 맡는다. 요즘은 많이 다양해졌다지만, 힐러는 체구가 작은 엘프나 요정이, 탱커는 엄청난 덩치에 말 그대로 탱크 같은 모습이, 딜러는 그 중간이 적절히 섞인 모습이 연상된다.

충청도 마을에는 사람마다 각자의 역할이 있다. 그런데 신기하게도 그 역할을 하는 이는 꼭 그 역할을 수행할 것 같은 외모를 갖고 있다. 다른 동네에 가도 어찌 그리 내가 살던 곳에 있던 사람들의 모습과 판박이인지 소름이 돋을 지경이다.

뭘로 먹고사는지 모르겠는 양옥집에 사는 안경 쓴 어르신, 하루에 열 번을 만나도 녹음기처럼 "밥 먹었냐" 묻는 합죽이 아저씨, 주기적으로 서울의 신문물을 가져오는 곱사등이였던 우리 큰형, 시집와서 억척스럽게 일해 집안을 일으켜 세우는 새댁, 매일 추리닝 바람에 게임만 하는 고시생 등 말이다.

개중엔 구레나룻이 수북한 사람의 포지션이 있다. 그분은 힘이 좋았는데, 특히 동물을 잡는 데 일가견이 있었다. 동네에서 잔치나 돌부리●를 하려고 소나 돼지 잡는 일은 대부분 그 아저씨가 했다. 그만 한 기술을 가진 이가 없기 때문이다. 털이 그 힘의 원천일까. 털보 하면 우직함이 떠오른다.

● 고기를 주민끼리 나누어 갖는 것을 뜻하는 청주 사투리.

"아 경찰이라면서 완전범죄 노리고 있잔여.
그게 쉬운 일이여?"

- JTBC 드라마 『괴물』(2021)에서

쓰고 있는 내 소설과 너무 비슷한 작품이 이미 나와 팔리는 걸 보고 좌절했던 경험. 많은 작가가 한 번쯤은 느껴 봤으리라 생각한다. 나는 첫 장편소설인 『여섯 번째 2월 29일』의 초고를 쓴 후, 머리를 식힐 겸 영화 『지푸라기라도 잡고 싶은 짐승들』을 보면서 그랬다. 작중 주인공이 담배 '럭키 스트라이크'를 사면서 의미를 부여하는 장면이 나오는데, 내가 쓴 소설에도 그런 내용이 있었기 때문이다. 더군다나 무심코 쓴 지명이 영화 속에서 목욕탕 이름으로 나오는 걸 보고는 뭐 이런 일이 다 있나 싶어 초고를 수정해야 했다.

사람의 상상력이란 무한하지만 한편으로는 뻔하기도 하다. 한번 써 볼까 하는 것들은 과거의 작가들이 이미 썼다. 그것도 수십 년 전에 말이다. 빠른 속도로 우주여행을 다녀와 보니 지구인들이 폭삭 늙었다는 영화 『인터스텔라』 속 소재는 이미 1980년대 애니메이션 『톱을 노려라! 건버스터』에서 쓰였다. 영화 『AI』, 『Her』를 보고 그전에 출간된 만화 『플루토』를 다시 봤더니 우라사와 나오키가 신으로 보인다.

스릴러 작가들은 어떨까. 강호순 같은 연쇄살인범은 2010년 이후로 나타나지 않고 있다. 많은 이가 CCTV 때문이라고 입을 모은다. 작가 입장에서는 어찌 보면 CCTV가 걸림돌인 셈이다. 드라마 『괴물』을 보면서 스릴러 작가의 고뇌를 (나 혼자) 느낄 수 있었다. 작품 속에서는 '재개발 예정지구'라는 치트키를 설정해 CCTV를 없애 버린다. 천호진 배우의 '경찰이 완전범죄를 노린다'는 대사는 작가의 생각처럼 들리기도 했다. CCTV가 없는 와중에 살인자가 경찰이라면 검거는 더욱 어려워진다.

정말 뜨악한 일은 내가 그 대사 속 내용을 나의 소설에 쓰고 난 후에 『괴물』을 봤다는 사실이다.

육회는 쇠고기를 좋은 것으로 하되 잘게 잘게
썰어서 좋은 술에 빨아서 생청과 고추장과
참기름, 후춧가루를 넣어서 이대 주물러서
먹어라.

충청북도 청주시,『반찬등속』

(휴먼컬처아리랑, 2015)

『반찬등속』은 100여년 전, 청주에 사는 진주 강씨 집안의 며느리로 추정되는 이가 고한글로 쓴 충북 최초의 음식 서적이라고 한다. 이것을 청주시가 저자의 레시피를 재현하고 내용을 정리하여 다시 발행했다.

충청도 방언이 포함된 책과 음식을 주제로 한 책, 고한글로 쓴 책 중에 여성이 쓴 책은 이 책이 거의 유일할 것이다. 굳이 책에 관해 설명하는 이유다. (신사임당이나 허난설헌조차도 스스로 책을 만들지 못했다고 한다. 이유야 당연히 조선의 남존여비 때문이다.)

내용으로 들어가면 그냥 눈이 휘둥그레지면서 아니 뭘 이렇게 잘들 자셨어 소리가 절로 나온다. 충북에 바다가 없어서 생선 못 먹었다는 얘기는 취소해야 할 판이다. 돈이면 다 된다. 김치, 짠지도 얼마나 다양한지 침이 꼴깍꼴깍 넘어간다. 북어짠지, 파짠지, 전복짠지. 다섯 장 넘겼을 때 책이 젖을 뻔했다. 침 때문에.

옆의 문장은 육회 만드는 방법을 알려 주고 있다. 어렸을 때에도 소 잡는 날은 잔칫날이나 다름없었다. 청주에서는 소나 돼지를 잡아다가 동네 사람들이 나누어 사 가는 걸 '돌부리'라고 했다. 조선시대에는 소를 함부로 잡지도 못했다. 심지어 냉장고도 없던 시대에 육회를 먹으려면 정말 갓 잡은 소를 먹어야 했을 터. '생청'은 벌집에서 갓 채취한 꿀을 뜻하고, '이대'는 즉시라는 뜻이다. 신선한 한우 고기를 청주에 담가 뺀 다음 면보로 짜서 꿀, 고추장, 참기름 등으로 무친 음식이라니! 나는 죽기 전에 먹을 수나 있을까.

『반찬등속』 작가의 남편이 호로록 먹었겠지.

**글 쓰는 사람이
웬일로 손톱을 깎는댜?**

이정록, 「손톱 뿌리까지」, 『그럴 때가 있다』

(창비, 2022)

농사일을 열심히 하다 보면 손톱 깎을 일이 없다고 한다. 농부는 손톱이 닳아 없어질 때까지 일을 하기 때문이다. 작가도 그렇단다. 글을 짜내느라 머리를 벅벅 긁다 보면 손톱이 자랄 새가 없다는 것이다.

나의 손톱은 닳지 않는다. 그러고 보면 나는 작가의 자질이 없는지도 모른다. 작가 타입이 아니라는 생각은 늘 했다.

스타크래프트 속 탱크나 울트라리스크 같은 공격형 유닛은 적을 섬멸하거나 적의 진지를 순식간에 박살 내는 데 매우 유용하다. 나는 글쓰기에 적합한 유닛일까? 글쓰기를 공격이라고 한다면 나는 탱크는커녕 마린도 안 되고 SCV 정도라는 결론을 내린다. SCV는 공격용이 아닌 자원 채굴용 일꾼이다. 태생이 이렇다 보니 공격력이라곤 냥냥펀치처럼 하찮을 뿐이라 상대방의 벙커를 뽀개는 데 한나절이 걸리곤 한다. 하지만 어쩌겠나. 효율이 떨어지는 머리와 몸이지만 오늘도 천천히, 꾸역꾸역 키보드를 두드리며 글을 쓰는 거다.

핑계도 많다. 이래서 못 쓰고 저래서도 못 쓴다. 손톱도 핑계가 된다. 고뇌가 충분치 않다 보니 손톱이 자라는데, 난 손톱이 길어도 글을 못 쓴다. 키보드에 손톱이 스치기라도 하면 소름이 돋아 버린다. 찾아보니 손톱은 하루에 0.1~0.15밀리미터 자란다고 한다. 어떤 과학자가 일정 기간 자란 손톱의 길이를 24시간으로 나눈 모양이다. 나는 내 손톱을 관찰해 보고 놀라운 사실을 발견했다.

첫날, 손톱은 전혀 자라지 않는다. 둘째 날도 전혀 자라지 않는다. 손톱은 내가 지켜보면 자라지 않는다. 그러다가…… 5일 짼가, 확 자란다. 손톱을 바라보지 않고 한눈을 판 어느 순간 갑자기 5밀리미터가 쑥! 하고 올라온다.

"근데 충주면 어디냐? 청주 옆인가?"
 (……)
"충주? 청주 옆에 있는 게 충주던가?"

고형주,『지역의 사생활 99: 충주』

(삐약삐약북스, 2020)

충남과 대전의 인구를 합하면 충북 인구의 두 배가 훨씬 넘는다. 그래서일까? 대전엑스포, 성심당, 대천해수욕장, 한화이글스……. '충청도' 하면 떠오르는 것들 대부분이 충남과 대전에 있다.

하지만 충청도라는 이름은 충북 충주와 청주의 앞 글자를 따서 만든 지명이다. 그만큼 옛 충주와 청주, 특히 충주가 차지하는 위상은 지금과는 비교가 되지 않았다. 조선 정조 때 충주의 인구는 8만7천 명으로, 한반도 내 4위, 남한 내 2위를 차지한 대읍이었다. 통일신라시대 가장 큰 탑(탑평리칠층석탑)이 충주에 있다는 사실도 충주의 위상을 짐작할 수 있는 부분이다. 남한강 중류에 위치한 충주는 물길을 이용한 교통의 요지가 될 수밖에 없는 운명이었다. 말은 어떤가. 앞서 일본의 스파이마저 충주 말의 격이 경성을 능가한다 하지 않았는가. 풍광은 말해 뭐 하? 충주호와 남한강은 존재 자체가 예술이고 힐링이다.

허나 현재 충주 인구는 지속적으로 줄고 있다. 물류가 하천이 아닌 육로 중심으로 바뀌다 보니 교통 요지로서의 기능을 전만큼 수행하고 있지 못하는 게 큰 이유 중 하나다. 충주가 어디에 있는지 모르는 충청도 사람도 수두룩하다.

2024년 대학수학능력시험 사회탐구영역 한국지리 문항에 특정 지역에 대한 설명을 읽고 그 지역의 위치를 고르는 문제가 나왔다. "이 지역은 한강 뱃길과 육로 교통의 길목으로……" 당연히 정답은 충주. 『충주시』 유튜버가 「이걸 틀려?」라는 도발적인 제목의 영상에서 이 문제를 풀면서 한마디 했다.

"충주시는 뭐죠? 월클이죠."

그의 말대로 충주시가 월드클래스가 되어 옛 명성을 되찾길 바라 마지않는다.

"밤(바구니)이 밑구녕이 빠져 가지고
붙이느라구 산겨, 왜 그랴?"

SBS 프로그램 『좋은 세상 만들기』 「장수퀴즈」
22회(1998)에서 이상예 할머니의 말

예전에 고향 어르신들을 스튜디오에 모셔 놓고 퀴즈를 내는 「장수퀴즈」라는 티브이 코너가 있었다. 어떤 날은 충남 공주 사현마을의 유제언 할아버지, 이상예 할머니, 윤만봉 할아버지가 나오셨다. MC가 퀴즈를 냈다. 유제언 할아버지가 답을 아시는지 버저를 눌렀다. 그러자 이상예 할머님은 "그 지랄하고 자빠졌냐, 나더러 하랬잖여 나더러!" 하면서 방송 중임에도 가차 없이 할아버지를 난타한다. 퀴즈 풀 기회를 자신에게 양보하지 않았다는 것이다. 윤만봉 할아버지는 할머님을 보고 "꼭 말 대가리 삶아 놓은 것처럼 뻣뻣하다"며 사회자들이 식은땀을 흘리게 만든다. 사회자가 할머니의 가방 속을 보고 청테이프를 왜 갖고 다니느냐 물으니 바구니 밑구녕 붙이려고 샀다고 하신 후, 담배를 피워 무는 장면이 압권이다. (방송국 스튜디오에서!)

밑구녕 하니 '구녕'이 들어간 욕은 많이 듣고 자랐던 기억이 난다. '구녕' 들어간 욕은 수위가 높다. '똥구녕의 콩나물 대가리도 빼 먹을 놈'이라는 욕만 해도 그렇다. 앞서 소설 『분례기』를 이야기할 때도 언급했지만 '각 잡고' 때리는 충청도의 욕은 살벌하기가 그지없다. 비유를 하는데도 타격감이 너무 좋다 보니 비유가 아니라는 착각에 빠진다.

개중 가장 기억에 남는 잔인한 욕은 아직도 잊히질 않는다. 그것은 바로 '시뻘겋게 녹슨 뷕칼로 똥구녕을 찢어 죽일 놈'이라는 욕이다. 그냥 부엌칼도 아니고 시뻘겋게 녹슨 부엌칼이라니 얼마나 아플까.

만든 이가 참으로 심사숙고했다는 생각이 든다.

아마 여러분들두 느끼셨을 중 알구
있습니다마는, 풀에 갬겨서 자즌거가
안 나가구 오도바이가 뒤루 가는 헹편이더라
이겝니다. 풀 벼서 남 줘유?●

이문구, 『우리 동네』

(민음사, 2005)

엄마 아버지가 어린 내 손을 잡고 동네 산으로 향했다. 산 위를 누군가 싹 밀어 평평하게 다져 놓았다. 어느새 모든 동네 사람들이 산 위에 올라와 있었다. 둥그런 공터 주변을 사람들이 둘러쌌다. 누군가의 지시에 모두 하늘을 바라보았다. 그러자, 하늘에서 무언가가 엄청난 굉음과 함께 날아와 공터 가운데에 착륙했다.

비행체에서 누군가 내렸다. 그는 외계인처럼 머리카락이 없었다. 주민들은 박수를 치며 그를 환영했다. 나는 아버지의 옷자락을 잡아 쥐고 누구냐며 물었다. "대통령 각하여."

대학교 착공식 날인가 그랬다. 우리 동네에도 대학교가 생긴다는 거였다! 이 깡촌에! 그 학교에서 수강한 적은 없지만 배운 건 너무 많다. 이를테면 목숨을 아껴 써라 같은······.

그 대학교 학생들이 모두 집으로 돌아가는 방학이 되면 매일 거기 가서 살다시피 했다. 우리는 대부분 뭘 '타러' 갔다. 도로는 잘 닦여 있는데 사람은 별로 없기 때문이었다. 자전거와 오토바이를 탔고, 나이가 들면서는 차를 타러 갔다. 자전거를 타다가 다리가 부러지고, 오토바이를 타다가 무릎이 찢어졌다. 소설 속 부면장님 말씀과는 달리 오도바이는 후진이 안 된다. 그러나 차는 된다.

정문에 차를 세우고 주위를 확인한다. 아무도 없으면 후진 기어를 넣고 악셀을 바닥에 닿도록 밟는다. 엔진 회전수가 순식간에 6천 알피엠까지 오르며 굉음을 뿜어낸다. 조수석에 앉은 녀석이 잡은 손잡이가 부러질 것 같다.

"앞에 돌 있어."

나는 급하게 브레이크를 밟으며 핸들을 돌린다. 차가 휙 돌아가며 뒤집어진다. 나는 놀라 벌떡 일어났다.

꿈이다. 정말이다.

● 부면장이 동네 사람들을 모아놓고 잡초를 자주 벨 것을 강조하는 장면.

"왜 그래 엄마! 저게 뭐여 엄마!"
 (……)
"매가, 새매가 먹이 사냥을 하나 부다."

강준희, 「생명 2」, 『아 이제는 어쩔꼬?』

(고글, 2005)

하교 시간이 되면 학원에서 운영하는 노란 승합차와 학부모가 정문 앞에서 수업이 끝난 아이들을 기다리는 풍경이 매일 펼쳐진다. 아이들이 수용소에서 폭동이 난 것처럼 펑! 하면서 터져 나오지 않는 걸 보면 학교 수업이 그렇게 괴롭지만은 않은 모양이다. 이유야 어쨌든 올망졸망한 아이들이 수업을 마치고 '으앙!' 하면서 나오는 모습이 여간 귀엽지 않다. 요즘 아이들은 학교 가는 길에 무슨 생각을 하는지 궁금해진다.

믿어지진 않지만 나에게도 초등학교 저학년 시절이 있었다. 집과 학교 사이에는 산과 밭이 있어 짧지 않은 등굣길이 심심하진 않았다. 가을에는 밭에 있는 무 뽑아 먹는 재미가 있었고, 겨울에는 흰 눈과 서릿발을 푸슉푸슉 소리를 내며 밟는 재미가 있었는데, 봄과 여름에는 별로 재미가 없었다. 늘 혼자였지만 새삼스럽게 혼자임을 깨달을 때, 그럴 때 무서움을 느끼곤 했다.

호환마마보다 무서운 게 딱 두 개 있었다. 하나는 산에 사는 무장공비였다. 학교에서 반공영화를 하도 많이 틀어 주는 바람에 꿈에서도 무장공비에게 입이 찢기는 악몽을 꾸곤 했다. 다른 하나는 새였다. 참새, 까치 같은 게 아닌 매과의 새였는데, 그들이 휙휙 날아다닐 때면 눈을 내리깔고 도망가기 바빴다. 그 새들과 눈이 마주치면 끝까지 쫓아와서 눈알을 뽑아 간다고 했다. 정말 위험한 동물은 독사나 말벌 같은 거였지만 독사, 말벌이야 소중한 담금주 재료라 여겼기에 두려워하지 않았다.

괜찮어유 참 형님 말씀대로 참 그 밭도 아니었쥬 자갈밭이지 통통 튀는 게, 참 어제 17시 32분을 기해서, 그게 금싸라기 땅으로 변할 줄 누가 알았겠슈.

KBS 프로그램 『유머 1번지』「괜찮아유」

417회(1991)에서

난 중학생이 될 때까지 땅값이 갑자기 올라 갑부가 되는 경우는 석유가 솟아나지 않으면 불가능한 줄 알았다. 그래서 땅에서 검은 액체라도 보면 '서…… 석유인가' 하고 파 보기도 했지만 공장 옆에서 새어 나온 폐수나 폐유였다. 지금 생각하면 어림없는 기대였지만, 그때는 뭐든 현실이 되리라 생각했다. (심지어 내 땅도 없었는데) 땅에서 반짝이는 것이 금일 수도, 다이아몬드일 수도 있었기에 땅을 많이 보고 다녔다.

땅에서 뭐가 나오지 않아도 부자가 될 수 있다는 개념은 중학교 때 알았다. 갑자기 KTX라는 고속 기차가 우리 동네에서 멀지 않은 곳에 들어선다는 소문이 돌았다. 같은 반에 기차역이 세워진다는 지역에 사는 아이들이 있었다. 나중에 그 역 이름은 오송역이 된다. 그 땅에서 농사를 짓던 사람들이 얼마나 부자가 되었는지는 알 수 없다. 수십 년이 흐른 지금, 어떤 역이 생긴다는 소문이라도 돌면 집값이 오르고 매물은 씨를 감춘다. 그러다가 정말 노선과 역이 확정되면 집값은 그야말로 천정부지로, 10년 후에 오를 집값까지 당겨서 올라 버린다. 최근 5년간 이렇게 남녀노소 모두 부동산에 목을 매는 광경을 본 적이 없다. 역이 생기지 않으면 '호재'를 만들어서라도 올린다. 동네 커뮤니티에서 자기 동네의 단점을 이야기하기라도 하면 강퇴당하곤 한다. 그들은 부동산 불패를 공식처럼 되뇌인다.

부동산이 불패라면서 왜 그들에겐 불안함이 느껴질까.

덧. KBS가 운영하는 유튜브에 『유머 1번지』 「괜찮아유」 코너의 영상이 전 화 올라와 있으니 보길 추천한다. 남성 출연자들이 매화마다 빠지지 않고 줄담배를 피워 대는 장면이 인상적.

"씨는 어떡해요 그러면?"
"이거요? 그냥 먹다 끄내는 거유."

EBS 프로그램 『한국기행: 사투리기행』

3부(2017)에서

EBS 『한국기행: 사투리기행』에서 서산시의 해안가 마을 오지리와 연화리 사람들을 소개했다. 주민분들의 어휘와 종결어미는 허지유, 이랬쥬, 먹어야쥬, 이런 거유 등 전형적인 충청도의 그것이지만, 물견(물건), 달브니께(다르니까), 꼭 찌지(꽉 끼지) 등의 전라나 경상도 사투리를 섞어 쓰는 모습이 눈에 띈다. 서산이 경상도와 전라도의 인접 지역이 아니라는 사실을 생각하면 흥미롭다. 이 프로그램의 부제는 '사투리기행'이지만 사투리보다는 지역민의 생활양식을 보여 주는 데 초점을 맞췄기에 어원에 대해서는 다루지 않는다.

김치를 담그는 모습도 흥미로운데, 연화리 마을에 사는 엄영순 씨는 김치를 담그면서 홍시를 넣는다. 충청도 김치는 대체로 소박하기로 유명하다. 서해안에 인접한 지역에서는 황석어젓이나 새우젓을 많이 사용하지 과일을 넣는 모습은 흔치 않다. 왜 그럴까 생각하다 엄영순 씨의 말에서 해답을 찾는다.

"뭐 있으니께, 요즘은 과일이 흔하니께."

이것이 정답이다. 과일이 흔하기 때문이다. 넣고 싶은 거 넣으신 것이다. 요즘에는 인터넷으로 호박과 연근, 양파, 배 등을 주문한 뒤 택배가 도착하면 당장 내일이라도 황해도식 호박김치를 만드는 게 가능하다. (호박뿐 아니라 참외김치, 아보카도김치, 용과김치, 두리안김치 등 못 만드는 게 없다. 한국인은 모든 식품을 김치로 만들어 버리는, 김치에 환장한 민족이다.)

언어도 마찬가지다. 예전엔 타지 사람 말을 들으려면 타지인이 오거나 아니면 내가 타지로 가는 수밖에 없었지만, 이제는 방송과 인터넷에서 매일 타지인을 만난다. 지역별 경계는 희미해진다. 아니, 서울을 제외한 지방이 사라지는 듯도 하다.

"아직 꽃 피려면 멀었시유.
여긴 좀 늦게 피는구먼유."

임득호, 한영희, 『두꺼비와 칸나의 황혼여행 1』
(the삼, 2022)

충남 당진 주민이 벚꽃에 관해 한 말이다. 작가가 당진에 갔던 날은 2019년 4월 7일. 당시 기상청은 충남의 벚꽃 개화 시기를 서산 기준으로 평년보다 2일 빠른 4월 9일이라고 예상했다. 그러니 당진에서 벚꽃을 보려면 시간이 더 필요했을 터. 그러나 기상청은 그다음 해인 2020년에는 당진에서 4월 3일에 벚꽃이 필 것이라고 예상했다. 2020년 4월 9일엔 이미 만개하고도 남았을 시간이다. 갈수록 벚꽃 개화 시기는 빨라지고 있다. 요즘은 한겨울에도 꽃을 피우는 선 넘은 벚나무도 심심찮게 보인다.

2023년 대전 동구는 4월 7일부터 4월 9일까지를 대청호 벚꽃축제 기간으로 정했다. 그러나 벚꽃은 3월 말부터 이미 만개 상태였고 축제 기간에는 비가 내린다는 예보마저 있었다. 망했다. 아아, 어쩔 것인가. 축제 담당자는 벚꽃에 본드라도 뿌리고 싶은 심정이었을 터다. 3월 30일 대전 동구청장과 공무원들은 벚꽃 머리띠를 쓰고 현수막을 펼친다.

"중요한 건 꺾였는데도 그냥 하는 축제"

현수막에 쓰인 글이다. 축제 강행이다. 어차피 꽃구경 망한 거, 너도 알고 나도 아는데 어쩌랴. 박명수 씨 말처럼 중요한 건 '꺾였지만 그냥 하는 마음' 아니겠나. 마음은 늘 꺾이기 마련이다. 꺾이지 않을 수는 없다.

소설 쓰기도 그렇다. 시놉시스대로 쓴 소설이 없다. 쓰다 보면 주인공이 갑자기 파업을 하고 빌런이 첫 장부터 뻗어 버린다. 장르는 SF인데 귀신이 나와서 도저히 수습이 안 되고 막걸리는 생각나고 울고 싶고……. 그럼에도 나는 무조건 끝을 맺는다. 희대의 망작이라도 끝을 맺었을 때와 맺지 않았을 때의 성장 속도가 다르다고 여기기 때문이다.

긔오릭두눈법
긔을호그릇ㅅ슈십긔을너흐면죠
협쥬염반단을호가지로그중너혼
즉히을묵어도쥭지안이ㅎㄴ이라

「게 오래 두는 법」, 『주식시의』

『주식시의』와 『우음제방』은 대전의 은진 송 씨 송준길 집안에 대대로 내려오던 한글판 음식 조리서다. 송영노(1803~1881)의 부인 연안 이 씨 이후 송 씨 집안 며느리들이 대를 이어 완성한 책이다. 『주식시의』에는 주로 음식 조리법, 『우음제방』에는 술 제조법이 실려 있다.

『주식시의』에서 눈에 띄었던 부분은 옆 페이지에 실은 「게 오래 두는 법」이라는 글이다. 충청도에서는 게를 '그이'라고 불렀는데, 여기서는 '긔'라고 표기했다. 나는 (정확한지는 모르겠지만) 게 수십 마리를 그릇에 넣고 죠협(쥐엄나무 열매 말린 것)과 쥬염(쥐엄나무)을 같이 넣으면 해를 넘겨도 죽지 않는다'로 해석한다. 나는 눈을 띠용 하고 뜨며 육성으로 중얼댔다.

"쥐엄나무 뭐여 이거?"

쥐엄나무의 효능이 정말 대단하든지, 아니면 게가…… 원래 바깥에서 그렇게 오래 사는가? 혹시 그 게가 육지에 산다는 야자집게인가? 이런저런 궁금증이 가시질 않는다.

이 두 책은 이런 '비기'들을 숨기고 있다. 특히 『주식시의』에는 만두, 전, 국수, 찜 등을 만드는 법은 있지만 밥 하는 법은 나오지 않는다는 점이 마음에 든다. 내가 밥을 거의 안 해 먹기 때문이다. 내게는 술과 안주가 주식이다. 그러다 보니 『우음제방』의 술 제조법도 내 호기심을 무척 자극했다. 개중에도 '숑순주', 즉, 송순주라는 술이 매우 궁금하다. 대전의 송순주는 은진 송가에 내려오는 전통주로 무형유산으로 지정된 명주라는데 먹어보기는커녕 구경도 못 했다. 제조 영상을 찾아봤더니 아스파라거스처럼 생긴 소나무 새순으로 담근다. 20여일 발효된 술을 체에 거르니 투명한 호박색 송순주가 조로록 흐르면서 솔향이 모니터를 뚫고 나와 방안을 가득 채우는데……. (다음에 계속)

"청양고추 꼭 넣으세요."

『백종원PAIK JONG WON』 유튜브에서 백종원의 말

백종원이 황태해장국라면을 끓이고 있다. 냄비에 식용유와 참기름을 두른 후, 물에 불린 황태를 볶는다. 거기에 새우젓, 스프, 물, 면을 넣고 끓이다가 파, 계란, 청양고추를 '늫'는다. 그러고는 "먹지 마세요, 술 땡겨요"라는 멘트도 잊지 않는다.

요즘 가장 유명한 충청인이 누구냐고 묻는다면 단연 백종원이다. 우리는 그의 영향력에서 벗어날 수 없다. 음식 이름 앞에 백종원이라는 이름만 붙이고 엔터를 치면 안 나오는 레시피가 없다. 라면 하나만 해도 김치라면, 멸치곰탕면, 토마토라면, 뿌햄라면, 우유라면, 갓돼지볶음라면, 광어라면, 고기짬뽕라면, 홍합라면, 홍게라면, 밤라면……. 끝없이 나온다.

나는 몇 년 전까지만 해도 집에서는 라면만 먹었다. 라면은 싸고 맛있기 때문이다. 인간의 4대 발명품은 수레바퀴, 종이, 맥주 그리고 라면이다. 라면은 멋있다. 라면은 최고다. 어렸을 때 꿈이 '퇴근 후 라면 마음껏 먹고 휴일에는 프라모델 조립하는 회사원'이었다. 신제품이 나오면 누구보다 빨리 사서 먹었다. 라면 블로그도 운영한 적이 있다. 지금까지 블로그를 이어 왔다면 어땠을까 궁금하(진 않고 중도에 포기한 걸 후회하고 있)긴 하다.

라면을 맛있게 끓이는 법은 무엇일까? 영화 『기생충』에서처럼 짜파구리에 채끝살을 넣는다든지, 라면에 질 좋은 홍게를 넣는 걸까? 백종원은 '재료가 아까워' 한마디로 갈음한다. 나는 그의 말에 그냥 아멘이다. 물론 맛이야 있겠지만 라면을 넘어서는 부재료에 덮여 라면 본연의 매력이 빛을 발하지 못한다. 적지 않은 사람이 라면도 제대로 못 끓이면서 맛이 있네 없네 한다. 물도 못 맞추는 경우도 많다. 나도 알고 있는 해답을 백종원의 입을 빌려 해 본다.

"라면을 사실 제일 맛있게 끓여 먹는 거는 라면 봉지 뒤에 있는 대로, 시키는 대로 끓이는 게 제일 좋아요."

**신발 끄내기 쫌매는 척
써 먹었지**

김동원, 「술값」, 『동원이가 일냈어!』
(타임비, 2013)

조사 기관마다 차이가 있지만, 현재 우리나라 1인당 알코올 소비량은 1년에 8리터 안팎이다. 2023년 8월 질병관리청이 발표한 자료를 보면 2022년 지역별 고위험 음주율 조사에서 강원도가 1위, 충북이 2위, 충남이 3위를 기록했다. 강원도도 강원도지만 충청인들도 술을 많이 마신다. 전에는 더하면 더했지 절대 덜하지 않았다.

개중 흥미로운 기사가 눈에 들어왔다. 2015년에는 충북이 고위험 음주율 1위를 달성(?)했는데, "최근 1년간 타인의 음주로 인하여 소란, 폭행, 성추행, 음주운전 사고 등을 경험한 적이 있는지를 묻는 '음주 폐해 경험률'은 대전이 1.8퍼센트, 충북이 2.7퍼센트로 전국에서 가장 낮은 수준이었다●"는 대목이다. 충청인은 술은 많이 마시지만 사고는 잘 안 친다는 것이다. 이것이 양반의 고장, 충청 스피릿! 으어, 충청인의 가슴이 웅장해진다.

그렇다면 충청도의 소설가는 어떨까. 양반의 고장에서 태어난 소설가. 그것은 무엇인가. 냉수를 마시고도 이를 쑤시고 돈이 없으면 그냥 굶어 죽는 종족이다. 돈이 없으면 사람도 만나지 않는다. 밥 사 달라는 소리는 친족에게도 해 본 적이 없다. 우스갯소리로도 술 사 달라는 소리는 하지 않, 아니 못한다. 술값을 안 내려고 술수를 쓴다? 가문의 수치다. 기둥뿌리를 뽑아서라도 낸다. 몇 번씩 카톡이 온다.

"대출 상환일이 n일 앞으로 다가왔습니다. 통장 잔고를 확인하시기 바랍니다."

이렇게 밖으로 폭발은 안 하고 안에서 터진다. 건강은 썩고, 빚은 늘고, 충청도 양반 소설가 주부는 망해 간다.

● 『충청일보』 「'주당' 충북, 취해도 양반이네」, 안창현 기자(2015년 4월 15일 자.)

"아녀. 그래두 그게 아닌걸. 쩨간 게 여간 아녀."

조재도 지음, 김호민 그림, 『싸움닭 샤모』

(작은숲, 2012)

청소년 소설이란, 주인공이 청소년인 소설로 청소년들을 독자층으로 하는 소설 아닐까. 대뜸 청소년 소설 운운하는 이유는 청소년 소설 『싸움닭 샤모』를 읽으며 '애덜이 읽어도 되는겨?' 싶었기 때문이다.

이를테면 소설 내용 중에 소년이 닭에게 고추장을 먹이고 닭싸움을 시키는 장면이 나온다. 명백한 동물학대다. 거부감이 든다.

나의 반응이 유달리 과한 것일지도 모른다.

왜 그런가 생각해 보니 소설 속 주인공이 나와 너무 비슷한 인간(이라기엔 소설 속 소년이 훨씬 더 잔인하긴 함)이라는 점 때문이라는 사실을 깨닫는다. 나같이 재수 없는 인간이 또 있을 수 있는가! 나의 도플갱어가 있다면 그에게 해 줄 말은 영화 『테이큰』에서 리암 니슨이 말한 명대사밖에 없다.

"I will find you, and I will kill you."(너를 찾아내서 죽여 주마.)

아무튼 나는 한동안 작중 주인공에 빙의된 채 망상에 젖었다.

나와 비슷한 경험을 가진 소년이 충청도 시골의 어두운 부분을 들추고 있다.

천안 삼거리 흥 능수야 버들은 흥

신정일, 『신정일의 신 택리지: 충청』

(쌤앤파커스, 2023)

'천안' 하면 많은 사람들이 떠올리는 것 중 하나가 천안삼거리다. 그런데 지도 앱에서 검색하면 천안삼거리휴게소, 천안삼거리초등학교, 천안삼거리공원은 나오는데 정작 '천안삼거리'는 나오지 않는다. 천안삼거리는 어디이며 왜 유명할까.

천안삼거리는 조선시대에 경상도길과 전라도길이 서울로 향하는 길과 만나는 지점으로, 영호남을 연결하는 교통의 중심지였다고 한다. 그런데 천안삼거리의 정확한 위치는 사람마다 말이 다르고 정확히 고증된 기록도 없다. 다만 천안시에서 천안삼거리공원을 조성해 천안삼거리를 기념하고 있다. 천안삼거리를 소재로 한 대표적인 설화 하나만 써보자면……. 전라도 양반인 박현수가 과거를 보려고 상경하던 도중 천안의 게스트하우스에 묵다가 우연히 사장 딸 능소를 보고 한눈에 반한다. 다음 날 박현수는 서울로 올라가 과거에 급제하고 다시 천안으로 내려와 능소와 재회하여 천안 흥타령을 불렀다. (이게 재밌나?)

나는 '천안' 하면, 천안삼거리보다는 유관순 열사가 3.1운동 당시 만세를 부른 곳으로 유명한 아우내장터가 먼저 떠오른다. 이쪽은 실체도 명확하다. 아우내장터에는 아우내순대길 양옆으로 병천순대를 파는 20여 개의 순대국밥집이 주욱 늘어서 있다. 아우내순대길을 걷다 보면 수많은 순대 전문점 가운데 '천안옛날호두과자' 간판을 달고 있는 가게가 보인다. 거기서 파는 최고의 과자는 튀김소보로 호두과자다. 어떻게 호두과자를 튀길 생각을 했는가! 눈이 돌아가는 맛이다.

나는 올해도 아우내장터에서 병천순대를 먹고 디저트로 튀김소보로 호두과자를 먹으면서 유관순 누나를 생각하며 울었다. 사실 천안삼거리 이야기는 천안의 아우내장터에서 튀김소보로 호두과자를 먹고 받은 감흥을 표현하기 위한 빌드업이었다.

"우린 '기야?' 그랬는데?"

tvN 프로그램 『서울촌놈』(2020)에서 박세리의 말

김준호, 박세리, 한다감. 대전 출신 유명인 셋이 모였다. 김준호가 되물을 때는 '기여?'라고 말해야 된다고 하자, 박세리는 '기야?'라고 했다고 대답한다. 한다감은 '기여?'는 예산과 당진에서 쓰고 대전은 '기야?'를 쓴다며 박세리 말에 힘을 싣는다. 이에 박세리는 김준호에게 대전 사람도 아니라며 면박을 준다. 난 대전 사람이 아니지만 박세리 말이 맞다. 박세리가 그렇다면 그런 것이다.

충남에서는 '그래? 안 그래?'를 '기여(야)? 아니여(야)?'를 쓴다면 충북에서는 '그려? 안 그려?'를 많이 쓴다. 충청도 안에서도 이렇게 다르다.

그건 그렇고 골프를 못 치는 나도 박세리에 대한 기억은 각별하다. 1998년 US여자오픈 결승 연장라운드에서 연못 옆 풀숲에 떨어진 공을 물속에 발을 담근 채 때려 우승의 발판을 만든 장면은 누구도 잊을 수 없을 것이다. 20세기 말을 살아 온 많은 이가 박세리에게 빚을 졌다고 말한다.

1997년 말 갑자기 나라가 부도났다. 재계를 이끌던 대기업 17개가 도산했다. 달러가 2천 원에 육박했고 은행 이자가 20퍼센트에 달했다. 나의 직장에서는 24시간 돌아가던 생산 라인이 차갑게 식었다. 처음으로 잔업을 하지 않던 기간이었다. 50대 이상 직원은 모두 정리해고를 당했다. 내게 처음으로 일을 가르쳐 주었던 필심 아주머니도 개중 하나였다. 그는 마지막 근무일까지 목장갑을 끼고 성실하게 일했다. 그가 눈물을 흘리며 내게 말했다.

"걱정 말아, 넌 박세리처럼 잘할 거야."

그 말은 내가 아니라 자신에게 하는 것처럼 들렸다. 이후 그를 본 적은 없다. 그러나 그는 고비를 이겨 냈으리라 확신한다. 그렇게 성실한 사람조차 실패하는 세상은 존재하지 않기 때문이다.

**"이 삐-루 한 고뿌가 쇠고이기 닷 근이라데.
먼저 죽었다면 억울해 워쩔 뻔헌 중……."**

이문구, 「冠村隨筆」관촌수필,

『第3世代 韓國文學: 李文求. 9』제3세대 한국문학: 이문구. 9

(삼성출판사, 1991)

1920~1930년대 한복이 아닌 양복을 입은 모습으로 대표되는 '모던 보이', '모던 걸'들은 신식 서구 문화와 문물을 습자지가 물 빨아들이듯 받아들였는데, 맥주도 개중 하나였다. 당시에는 '맥주'보다는 'Beer'의 일본어 발음을 그대로 갖다 써서 '삐루'라고 부르는 이가 대부분이었다. 전라도가 고향인 유튜버 박막례는 아직도 맥주를 삐루라고 부른다. 전라도에는 "옴천면장 삐루 따르듯"이라는 속담도 있다. 충청도 전역에서도 맥주를 삐루라고 불렀는데, 이는 충청도를 배경으로 쓴 이문구의 소설에서도 확인할 수 있다.

'맥주 한잔이 쇠고기 다섯 근'이라는 말은 맥주 한잔이 소고기 다섯 근 값이라는 게 아니고 맥주 한잔에 든 영양가가 쇠고기 다섯 근을 먹는 것만큼 몸에 좋다는 뜻이다. 영화 『서울의 휴일』(1956)에서도 "이 황금색 액체는 우리의 시각도 만족시키고……." 어쩌고 하면서 되도 않는 맥주 예찬을 하는 장면이 나온다. 1900년대 모던 보이였던 백석이 쓴 수필 「동해」는 "동해여, 오늘 밤은 이러케 무더워 나는 맥고모자를 쓰고 삐루를 마시고 거리를 거닙네"로 시작한다. '맥고모자를 쓰고 삐루를 마시고'라는 구절은 무려 일곱 번이나 반복된다. 내가 그의 곁에 있었다면 "맥고모자랑 삐루 안 지 얼마 안 됐죠?"라고 물었을 텐데……. 맥주에 얼마나 감동을 받았으면 그랬겠나.

나는 주말이면 집에 모아 놓은 빈 맥주캔을 한 포대 짊어지고 재활용 쓰레기장으로 향하는 사람이다. 우리 집에서 나온 맥주캔만으로도 재활용장 캔 코너 반을 채울 수 있다.

요즘 즐겨 마시는 맥주는 '코나 빅웨이브 골든에일'이다. 라거만큼 깔끔하진 않지만 향이 풍부하다. 그렇다고 우리가 흔히 아는 에일처럼 묵직하지도 않아 균형을 잘 맞췄다.

"그만허랄 때꺼정 가져와."

우리 동네 형

지금은 결혼식이나 팔순 잔치 등에서 주로 뷔페를 차리지만, 전에는 잔치가 열리면 넓은 스테인리스 그릇에 잔치국수가 담겨 나왔다. 잔치국수가 언제부터 잔칫상 메인 음식이 되었는지는 의견이 분분하지만 확실한 것은 청주에서는 최소한 1970년대부터 2000년대 초반까지는 잔치국수가 메인 요리였다는 사실이다.

성인이 된 후, 다른 지역에 살던 친구들이 "청주 결혼식에 갔더니 잔치국수만 주더라"며 놀라는 모습을 몇 번 보고 나니 이것이 청주만의 문화였다는 사실을 깨달았다. 아니, 사실 청주의 문화라고 하기에도 좀 머쓱한 면이 있다. 결혼식에서는 원래 전국적으로 잔치국수를 먹었는데, 소득수준이 높아지면서 잔치국수가 갈비탕으로 대체되기 시작한다. 그런데 2000년대 초반까지 청주는 여전히 피로연에서 잔치국수를 먹었다.

하여튼 동네에서 누군가 결혼을 하기만 하면, 동네 청소년들이 피로연 음식을 나르는 것이 불문율이었다. 보수가 없으므로 열정페이라고 할 수 있겠으나 사실상 열정이 없었으므로 열정페이라는 말도 성립할 수가 없었다. 그리고 고용하는 쪽이 절대적으로 손해다.

수시로 담배 피우러 나갔다 오는 것은 물론 맘에 안 드는 아저씨들이 앉아 있으면 뭐 가져오라고 손을 들어도 못 들은 척 딴청이나 피웠다. 손님들이 물러갈 무렵이면 그제야 우리도 식사를 했는데, 한창 자라는 청소년들이 잔치국수 한 그릇에 배가 찰 리 없다. 막내들이 인원수에 맞춰 국수를 가져오자 형들이 한마디씩 한다.

"한 젓가락에 한 그릇인디 장난햐?"

상에 손가락 하나 꽂을 공간도 없을 정도로 국수를 깔아 놓고 먹었던 기억이 생생하다. 요즘도 다시 잔칫집에서 잔치국수 한 대접 나왔으면 하는 소박한 바람이 있다.

충청의 말들
그렇게 바쁘문 어제 오지 그랬슈

2024년 10월 4일　　초판 1쇄 발행

지은이
나연만

펴낸이	**펴낸곳**	**등록**	
조성웅	도서출판 유유	제406-2010-000032호(2010년 4월 2일)	

주소
경기도 파주시 돌곶이길 180-38, 2층 (우편번호 10881)

전화	**팩스**	**홈페이지**	**전자우편**
031-946-6869	0303-3444-4645	uupress.co.kr	uupress@gmail.com
	페이스북	**트위터**	**인스타그램**
	facebook.com /uupress	twitter.com /uu_press	instagram.com /uupress

편집	**디자인**	**조판**	**마케팅**
정민기, 김은우	이기준	정은정	전민영

제작	**인쇄**	**제책**	**물류**
제이오	(주)민언프린텍	다온바인텍	책과일터

ISBN 979-11-6770-100-8　03810